HERMES

在希腊神话中，赫耳墨斯是宙斯和迈亚的儿子，奥林波斯诸神的信使，道路与边界之神，睡眠与梦想之神，亡灵的引导者，演说者、商人、小偷、旅者和牧人的保护神……

经典与解释 古今丛编
HERMES
中国社会科学院外国文学研究所
古典学研究室 编
主编 刘小枫 贺方婴

亡灵的对话

Dialogues of the Dead

［法］丰特奈尔（Bernard Le Bovier de Fontenelle） 著

李小均 译

中国社会科学出版社

图书在版编目(CIP)数据

亡灵的对话 /(法)伯纳德·丰特奈尔著;李小均译. --北京:中国社会科学出版社,2024.6
(经典与解释. 古今丛编)
ISBN 978-7-5227-3556-6

Ⅰ.①亡… Ⅱ.①伯…②李… Ⅲ.①哲学理论—法国—近代 Ⅳ.①B565.26

中国国家版本馆 CIP 数据核字(2024)第 101312 号

出 版 人	赵剑英
项目统筹	朱华彬
责任编辑	李 立
责任校对	谢 静
责任印制	李寡寡

出　　版	中国社会科学出版社
社　　址	北京鼓楼西大街甲 158 号
邮　　编	100720
网　　址	http://www.csspw.cn
发 行 部	010-84083685
门 市 部	010-84029450
经　　销	新华书店及其他书店

印刷装订	北京君升印刷有限公司
版　　次	2024 年 6 月第 1 版
印　　次	2024 年 6 月第 1 次印刷
开　　本	880×1230　1/32
印　　张	5.625
字　　数	143 千字
定　　价	49.00 元

凡购买中国社会科学出版社图书,如有质量问题请与本社营销中心联系调换
电话:010-84083683
版权所有　侵权必究

出版说明

1953年2月，新中国成立第一个国家级文学研究所，涵盖中国文学学科和外国文学学科。1955年6月，中国科学院设立哲学社会科学学部等四个学部，文学研究所遂隶属于中国科学院哲学社会科学学部，其外国文学学科下设四个组，即苏联文学组、东欧文学组、东方文学组和西方文学组。

1957年7月，在"古为今用、洋为中用"的文化方针引领下，文学研究所创办《文艺理论译丛》辑刊，"旨在有计划、有重点地介绍外国的美学及文艺理论的古典著作"，1959年年初停刊，共出版6辑。同年，文学研究所制订"外国古典文学名著丛书"和"外国古典文艺理论丛书"编译计划。1961年，《文艺理论译丛》复刊，更名为《古典文艺理论译丛》，同时创办《现代文艺理论译丛》，历史地刻写了文学研究所外文组古今并重的学术格局，"为新中国文艺理论界提供了丰富而难得的参考资源，成为公认的不可缺少的资料库"。

1964年9月，为加强对外研究，经毛泽东同志批示，中国科学院哲学社会科学学部以文学研究所下辖的四个外国文学组，加上中国作协《世界文学》编辑部，另行成立外国文学研究所。自晚清以来，我国学界译介西方文明古今典籍的学术生力终于有了建制归属。

时世艰难，国际形势的变化很快中断了外国文学研究所的新生热情。《古典文艺理论译丛》在 1965 年停办（共出版 11 辑），"外国古典文艺理论丛书"选题 39 种，仅出 12 种。

1977 年，中国科学院哲学社会科学学部独立组成中国社会科学院。值此改革开放之机，外国文学研究所迅速恢复"外国古典文学名著丛书"和"外国古典文艺理论丛书"编译计划，"分别删去两种丛书中的'古典'二字"。显然，译介西方现当代学术文籍乃我国新时期发展所亟需。1979 年，外国文学研究所推出大型"外国文学研究资料丛书"，开创了经典与解释并举的编译格局（至 1993 年的 15 年间，出版近 70 种），尽管因人力所限无法继续秉持古今并重的编译方针。

1958 年出版的《文艺理论译丛》（第四期）曾译介过十九世纪法国著名批评家圣·佩韦（1804—1869，又译"圣勃夫"）的文章《什么是古典作家》，其中对古今作家之别有清晰界定。classique 这个语词引申为"经典作家"的含义时，起初仅仅指古希腊的荷马、肃剧诗人和柏拉图等。大约公元二世纪时，罗马人也确认了自己的古典作家——西塞罗和维吉尔。但自但丁（1265—1321）、乔叟（1340—1400）、马基雅维利（1469—1527）、拉伯雷（1494—1553）、蒙田（1533—1592）、塞万提斯（1547—1616）、莎士比亚（1564—1616）以来，拉丁欧洲也有了自己的古典作家，他们与新兴王国或者说领土性民族国家的形成有关。1694 年，法兰西学院的第一部词典把 classique 界说为"具有权威的古代作家"，而十九世纪的圣·佩韦则认为，这种界定过于"拘束"，现在是时候"扩大它的精神含义"了。因为自"拿破仑帝国时代"——如今称为"大西洋革命时代"——以来，只要作品"新鲜"或"多少有些冒险性"就能够成为 classique。由此看来，在今天的中国学人面前，实际上有两个品质不同的西方古典文明传统，以及自启蒙运动以来形成的现代欧洲文明传统。

从1959年的"外国古典文学名著丛书"和"外国古典文艺理论丛书"编译计划，到1979年的"外国文学研究资料丛书"编译计划，记录了前辈学人致力于整全地认识和译介西方文学传统所付出的历史艰辛，尽管因时代所限，对两个西方古典文明的基础文本及研究文献的编译刚刚开始就中断了。2002年，古典文明研究工作坊创设"经典与解释"系列丛书和专题辑刊，意在承接数代前辈学人建设新中国学术的坚韧心志，继续积累可资参考的学术文献。

2023年12月，在"两个结合"的学术方针激励下，外国文学研究所正式设立古典学研究室。值此之际，我们开设"经典与解释·古今丛编"，志在赓续三大编译计划的宏愿，进一步型塑古今并重和经典与解释并举的编译格局，同时向普及性整理中国文史典籍方面拓展，为我国的古典学建设尽绵薄之力。

中国社会科学院外国文学研究所
古典学研究室谨识
2024年5月

目 录

译者前言 …………………………………………… 1

致极乐世界的路吉阿诺斯 ………………………… 1

一 古人亡灵的对话

1 亚历山大和弗琳 …………………………… 3

2 麦洛和斯密狄莱斯 ………………………… 6

3 狄多和斯特拉托尼斯 ……………………… 9

4 阿纳克瑞翁和亚里士多德 ………………… 12

5 荷马和伊索 ………………………………… 15

6 阿忒奈斯和伊卡西娅 ……………………… 18

7 厄若斯塔图斯和德墨特里乌斯 …………… 21

8 卡尔利赫亚和泡莉娜 ……………………… 25

9 坎道鲁斯和巨吉斯 ………………………… 29

10 海伦和弗尔维亚 …………………………… 33

- 11 帕墨尼斯库斯和忒奥克里图斯 ………………………… 36
- 12 布鲁图斯和福斯蒂娜 …………………………………… 41

二 古人亡灵和今人亡灵的对话

- 1 奥古斯都和彼得·阿雷丁 ……………………………… 47
- 2 萨福和劳拉 ……………………………………………… 51
- 3 苏格拉底和蒙田 ………………………………………… 54
- 4 哈德良皇帝和奥地利的玛格丽特 ……………………… 58
- 5 厄腊西斯特拉图斯和哈维 ……………………………… 63
- 6 贝蕾妮克和科斯莫二世·德·美第奇 ………………… 66
- 7 塞涅卡和马洛 …………………………………………… 69
- 8 阿尔特米西亚和雷蒙·路黎 …………………………… 73
- 9 阿庇基乌斯和伽利略 …………………………………… 76
- 10 柏拉图和苏格兰的玛格丽特 …………………………… 79
- 11 斯特拉托和拉斐尔 ……………………………………… 84
- 12 卢克蕾提亚和普隆伯格 ………………………………… 88

三 今人亡灵的对话

- 1 布列塔尼的安妮和英格兰的玛丽 ……………………… 95
- 2 查理五世和伊拉斯谟 …………………………………… 99

3　伊丽莎白一世女王和阿朗翁公爵 …………… 103

4　卡贝斯坦的威廉和勃兰登堡的阿尔伯特 …………… 106

5　阿格涅斯·索蕾和罗克斯萨拉娜 …………… 109

6　那不勒斯若昂一世女王和安瑟伦 …………… 113

7　苏莱曼一世和贡扎加的朱丽塔 …………… 117

8　帕拉克尔苏斯和莫里哀 …………… 120

9　玛丽·斯图亚特和大卫·里奇奥 …………… 124

10　第三个冒名德米特里乌斯的骗子和笛卡尔 …………… 127

11　瓦伦蒂诺公爵夫人和安娜·布伦王后 …………… 131

12　费尔南多·科特兹和蒙特祖马 …………… 134

附　录

阿尔伯特·萨罗蒙　撰　丰特奈尔与启蒙运动 …………… 141

译者前言

法国文人丰特奈尔（Bernard Le Bovier de Fontenelle）1657年2月11日生于鲁昂，1757年1月9日卒于巴黎。丰特奈尔出生时，先天条件不好，医生还特意叮嘱其父母，做好他早夭的准备，孰料他差一点就活了一百岁。在任何时代，如此高寿，离不开运气，更何况，身处动荡的十七、十八世纪，更需要十分难得的运气。那个医生的话渐渐传到开始懂事的丰特奈尔耳朵里之后，丰特奈尔就对医学产生了成见，认为其并非一门真正的科学。丰特奈尔是笛卡尔和蒙田的信徒，相信推理论证，具有怀疑精神。亚里士多德认为人是理性的动物，由此推理，人的完美、幸福和至善是可欲的、可得的。丰特奈尔的论证手段相同，但其逻辑起点有别。他认为人是感情的动物，由此得出完全不同的结论：尽管哲人的理性可以推进人类精神的发展，但世界是由偶然性主宰，生死善恶，祸福美丑，一切全凭运气。

丰特奈尔的父亲弗朗索瓦是一个颇有威望的律师，他希望子承父业。早年，丰特奈尔进入鲁昂耶稣会主办的学校，修习法律和修辞。1674年，丰特奈尔第一次上法庭打官司，结果输了，具体情况不详。一种说法是，丰特余尔的父亲比较霸道，丰特奈尔不想当律师，于是借故输掉官司，自毁律师前程，从此与父亲失和。另一种说法是，丰特奈尔巧舌如簧，技惊四座，但还是丢了官司，心灰意冷之下，掉转了生命的航向。还有一说是，丰特奈尔原本信心满满，谁知到了法庭，却鬼使神差，控制不住情感，一时语塞，嗫嚅难言。考虑到丰特奈尔强调反讽的人生哲学思想，最后一说更为可信。反正，无论如何，丰特奈尔只此一役，旋即离家出走巴黎，碰碰当文人的运气，靠文字谋生。

幸运的是，他的舅舅是著名的高乃伊兄弟：皮埃尔·高乃依（Pierre Corneille）和托马斯·高乃依（Thomas Corneille）。在两位舅舅的引荐下，他得以进入当时文学精英圈子，成为沙龙女主人的宠儿。在当时，付费发表是惯例，但丰特奈尔的文字不愁出路，托马斯舅舅就是一家著名刊物的编辑。他的诗文频频露面，可这并不意味质量上乘。1676年，他第一次参加法兰西学院主办的诗歌赛，不幸的是，就如他第一次出庭，铩羽而归。1680年，他第一次尝试写悲剧，同样，没有意想中的一炮走红，反而遭到拉辛的酷评。纵然有两位舅舅相助，但想在巴黎的文学江湖立足，还是大不易。羞愤之下，丰特奈尔烧了他所有作品的手稿，也烧了他残存的乐观主义，回到了家乡。

相对于文学中心的巴黎，鲁昂是真正的外省。从巴黎退回鲁昂，在丰特奈尔眼中，是一次文学的流放，是回到了人生的谷底。在孤独的沉思中，他反复追问：为什么我是一个失败者？为什么我不快乐？什么是生命的意义？这样的沉思逐渐积淀成他终生未易的自然宿命论思想，淋漓尽致地体现在他的《亡灵的对话》中。

《亡灵的对话》是丰特奈尔第一部重要著述。1683年1月出版了第一版，立刻引起了轰动，同年10月，就有了英语和意大利语译本。1684年，这部作品就出了第三版。但第一版只有18篇对话，已经绝版，直到第三版才定稿流传至今的36篇对话。丰特奈尔最初都是匿名出版此书，直到1700年版才在首页署名。

《亡灵的对话》最初的成功并没有立刻改变丰特奈尔的命运。由于两位舅舅都是法兰西学院的院士（皮埃尔去世后，托马斯继承了其院士席位），因此，进入法兰西学院成为丰特奈尔一生的追求。他尝试了四次，均以失败告终，直到1691年，34岁的丰特奈尔终于如愿以偿，当然，这依然离不开他舅舅托马斯的帮助，斯时他正是法兰西学院的院长。1697年，丰特奈尔成为法兰西学院的院长。他的职责是为法兰西学院撰写年度活动总结，每当著名科学家逝世，总是由他撰写讣告和悼文。丰特奈尔本人不是科学家，他大概是第一个完全凭科普著作而在科学界闻名的人。他在科普方面的代表作是1686年出版的《关于多重世界的对话》。

对话作为一种文体，从古至今，吸引了许多作家试手。有论者考察了这一文体在文学史上的冷热沉浮之后，认为与时代精神关系密切。对话体的勃兴，主要与思想动荡时代攸关，如柏拉图时代、文艺复兴时代和启蒙时代。当然中国的春秋战国时期和魏晋南北朝时期也可为证。亡灵对话作为其中的一个亚类，相对比较冷门，主要是因为受限于特定的角色类型和讽喻的写作意图。

亡灵对话这类特殊的文体，滥觞于罗马帝国时代讽刺作家路吉阿诺斯（Lucian，约125—180）。丰特奈尔把自己的这本著作就题献给了这位极乐世界的"声名显赫的亡灵"，感谢他带来的创作灵感，表达了由衷的敬意：

> 一个人，要是能够模仿您这样一位伟人的风格，掌握优雅简练的行文，精通契合对话体的温文尔雅的幽默，他该是多么幸福！至于我，远远不能声称，有幸模仿您模仿得惟妙惟肖。我只渴望这份光荣，深知再也不可能找到比您更卓越的榜样。

路吉阿诺斯之后很长一段时间，亡灵对话的文体显得比较沉寂。直到文艺复兴时期，才有作者重拾此类文体，主要是伊拉斯谟（Erasmus），但他笔下参与对话的人，不只是亡灵，还有活人。直到十七世纪末，随着"古今之争"日烈，亡灵对话文体再次流行，仅在法国，就出现了众多好手，除了丰特奈尔，还有布瓦洛（Boileau）、费讷隆（Fénelon）、伏尔泰等。相比之下，丰特奈尔的《亡灵的对话》颇具特色，其结构就直指"古今之争"。

丰特奈尔的《亡灵的对话》主要旨意如下，可说是学界共识：

> 世界是由运气主宰，我们对世界所知有限；善恶祸福和别的东西一样，都是运气的产物；相比于真理、知识和理性，人类更喜欢谬误、神秘和偏见，这样做可能是正确的；科学中一定程度的进步的确来自知识的积累，但这不会带来道德的改善，江山易改，人性难移；大多数的情况下理性是无能的，所谓的哲学就是愚蠢，因为传统说来其目的在于离间思想与感情；欲念是人生的动力，但我们注定不能满足欲念，因为超凡脱俗，就失去了真正快乐的能力；爱是根植于虚无，在谎言中繁盛。

丰特奈尔的观念自然遭到许多抱有敌意的批评。同时代人多指责他"绝情"。一位女性友人说：

> 因为他不受幻象操纵，所以没有刚刚萌芽的友情的热烈和危险。他洞悉人性，给予你配得上的尊重，不会超过本应的限度，把你置于本来的位置，也不会贬低……你可以同他打趣，捉弄他，但不要在他身上给予和索取太多。

就连他的一位侄子也说,"丰特奈尔先生尤为特别之处在于才智和哲思的结合,两方面都登峰造极",言下之意,他不近人情。伏尔泰更是抨击他是"懦夫""精致的利己主义者"。圣·佩韦在总结十八世纪之人对丰特奈尔的评价时说,"丰特奈尔身上,不带任何余热的理性和才智构成了他整个人,头脑决定了一切,完全忽略了内心"。对于这样一幅"绝情"的形象,后世的研究者找到许多证据加以否定,认为丰特奈尔是一个"有操守""感情深沉"之人。

翻译此书,是受到刘小枫老师的指引和鼓励,为此感铭于心。附录一篇译文,原文选自阿尔伯特·萨罗蒙(Albert Salomon)发表在《社会研究》(*Social Research*)的纪念文章(Summer 1957, Vol 24. No. 2, pp. 202-226),以供读者更多了解丰特奈尔的生平和成就。翻译期间,正值疫情四起,闭门之日,幸有家人相伴。尤其感谢小女慕维,她是我抵御日常虚无最坚实的后盾。

致极乐世界的路吉阿诺斯

声名显赫的亡灵：

我认为完全有理由向您致敬，因为我从您这里获得了灵感。部作品最重要的灵感之源，理应得到献词。我谨向您表达最诚挚的赞美，把您视为我的恩人。或许有人认为我过于狂妄，竟敢效仿您的亡灵对话形式。但是，倘若我敢自行其是，才是真叫狂妄。现在，我有理由自信宣称，读者会因您使用过的形式，接受我写的内容。我还会大胆说，如果我写的对话，碰巧获得了小小的成功，它们带给您的光荣，应该超过您写的对话。看起来，这种亡灵对话形式本身就很美，不需要特别的技巧。特别是对于我来说，我一直以来坚定地依靠这种形式，相信其中的一部分对于我已足够。因此，我抛开冥府的冥王、渡神、看门神和其他亡灵，只向您致信。

我多么想知道，您是否写尽了所有这些精彩的题材，诸如亡灵之间是否平等；他们是否后悔人生；哲人的视死如归是不是装腔作势；英年早逝之人的命运是否可笑，毕竟他们自信会继承老人的遗产和事业，所以极尽讨好之能，谁知却先行一步。既然这种亡灵的对话形式完全属于您的创举，我坦言，完全有理由相信，您已经充分加以利用，选择其中最精彩的内容加以书写。

无论如何，即使再不济，我至少努力仿效了您倡导的写作目的。正如您写的亡灵对话包含了他们的教诲，同样，我笔下的亡灵也在传道，否则，何必再让他们开口，无益的话语，活人已经说得够多。这种形式当然也有以下便利。我们可能认为，亡灵都会深刻反思，因为既有人生经验，也有闲暇时光。我们还可能相信，为了他们的光荣，他们不仅会思考人生中的寻常事物，还会思考别的东西。他们对天上事物的思考，会比我们深刻，因为他们对这些事物的态度会更客观和冷静，他们愿意思考这些问题，因为他们仍保留对天上事物的一些兴趣。您笔下的亡灵对话都很简短，似乎您没有把亡灵当健谈者对待。我完全同意您的看法。亡灵不缺乏理性，必然立刻洞穿事情的结局。同样，我发现不难去想象，他们足够通情达理，相互之间对每一件事都能达成共识，因此不会长时间地争辩，即使有，也非常罕见。

我认为，争辩只属于我们这些还没有找到真理的无知之辈：正如这只属于盲人的不幸事件，他们看不到要去的地方，所以一路争吵和推搡。不过，由于我们在世上，我们不能想象，亡灵怎么一下就改变了性情，不再有敌对的情感；因为人世间的我们，一旦对某人有了看法，就不知道如何改变。因此，我自作主张，恢复了亡灵，尤其是著名的亡灵在生前的知识。您会毫不费力地辨认出一些亡灵，辨认出他们的一些事迹，很可能这些还是您赋予他们的事迹。我想我没有机会行使虚构的特权；历史为我提供了许多真人、真事，免却了我从虚构取材。

现在，既然亡灵会谈论他们身后许多年的事情，我相信，当您看到他们的每日对话，您不会觉得奇怪。我相信，就在此刻，您从无数亡灵的口中就已完全熟悉了法兰西，您知道，法兰西今日在知识界的地位，正如昔日的希腊。您那位已经化为亡灵的著名译者——他神奇地教会了您说法语——必定会告诉您，您的作品和古希腊罗马经典一样，深受巴黎人的喜爱。一个人，要是能够模仿您这样一位伟人的风格，掌握优雅简练的行文，精通契合对话体的温文尔雅的幽默，他该是多么幸福！至于我，远远不能声称，有幸模仿您模仿得惟妙惟肖。我只渴望这份光荣，深知再也不可能找到比您更卓越的榜样。

一　古人亡灵的对话

1 亚历山大和弗琳

亚历山大大帝（公元前 356—前 323），古代杰出军事家、政治家，师从亚里士多德，开启了希腊化时代。

弗琳，公元前四世纪希腊名妓。（对话角色简介为译者所加，后同）

弗琳（Phrine）：你随便找我同时代的忒拜人问，我是不是主动提议，出钱重建你摧毁的忒拜城墙，条件只有一个，城墙上的铭文应该是："此城墙曾为亚历山大所毁，后为妓女弗琳重建！"

亚历山大（Alexander）：看来你千方百计要让后世记住你操持的生意。

弗琳：明人不说暗话，我可是本行的头牌。你也知道，无论哪个行当的翘楚，都应树碑立传。

亚历山大：没错。在你之前，埃及有一个妓女名叫罗多普（Rhodope）。她利用美色，赚了大钱，建了一座著名的金字塔，屹立至今。我记得前几天她对几个法国小妞儿谈起这个事儿。这几个法国小妞儿自以为是绝代娇花，可一听到罗多普说起自己的伟业，顿时泄了气，连声惊叹，说在她们的时代和国度，再美的女人，也挣不到建成金字塔的钱。

弗琳：我可以和罗多普媲美。重建城墙，我就可以和你这个世上最伟大的征服者相提并论。我要让世人看到，你用勇力摧毁的城墙，我用美色能使之重生。

亚历山大：这样的相提并论倒是前所未闻！有那么多献殷勤的男子，你定然十分满意？

弗琳：你把世上沃土变成焦土，你十分满意吗？假如你摧毁的每个城邦，都能找到一个弗琳出来重建，你就应该谢天谢地！因为你的愤怒不会留下丝毫痕迹。

亚历山大：假如我再世，我还是想做一个伟大的征服者。

弗琳：我也同样想做一个倾国倾城的美人。美，天生具有统治人类的权利；勇力获得的东西，不过是强索而已。美人的魅力各国皆能目睹，但并非所有的君王或征服者都有魅力。你若不信，就以你的父王腓力二世（Philip）为例。你会承认，他足够勇武。我认为，你也非常勇武，要为他复仇。但是，无论你们多么勇武，你们都吓不倒雄辩家德摩斯提尼（Demosthenes），他只要还活一天，就会发表演说怒骂你们。我且告诉你吧，我的名字是一个幸运的名字。以前，还有另一个与我同名的弗琳。她被指控，上了法庭，她的辩护人凭三寸不烂之舌，还是无济于事，眼看她就要失去伟大的事业，这时，辩护人在她耳边低语了几句，要她掀开面纱，她照做了。正要对她重罚的法官，看到如此绝色佳人，立刻改了主意。你看，你多年来喧闹的征服，还是堵不住雄辩家责骂的嘴，但一个美人的魅力，转瞬之间就能摧毁最肃穆的法庭。

亚历山大：哦，你充分利用了那个同名之人的魅力前来相助。但我还是不相信我亚历山大就比不上你。简直难以相信，如果——

弗琳：我知道你想说什么。希腊、亚细亚、波斯、印度，所有这些都是很好的明证，对吧？且慢，我只减去你没有权利占有的东西，减去那些应该公平分给你部将和士卒的东西，减去运气在你的光荣中应占的成分，这会不会让你显得没有那么伟大？你看，美人仅凭一己之力就完成了征服，独占荣光。因此，世上最好的事情，莫过于做个美人！

亚历山大：你这样的看法，倒是言之成理；不过值得考虑的是，真有那样的美人，赶得上你？

弗琳：你看，我要是撒谎，良心会感到不安，因此，我要说——没有。老实告诉你，我承认，我夸大了美人的品性，可你也夸大了英雄的品性，所以我们扯平。你和我完成了太多的征服，但你和我不同。我只玩弄过两三个阴谋，堪称节制，没有人会指责我；若非节制，我怎能攒够钱，重修城墙？可你呢？要是你只征服希腊，只征服六七个小岛，只征服小亚细亚的一个小地方——要是这样做，你倒还算有理性和良知。可你到处上蹿下跳，不知身在何方；到处攻城略地，不知出于何理；总是匆忙行事，让人摸不着头脑。你这样做，完全不像理性之人。

亚历山大：那些理性的人爱怎么说，就让他们说。我敢肯定，要是我理性地运用我的勇武和运气，嚼我舌头根的人会少一半。

弗琳：要是我也理性地利用我的美丽，嚼我舌头根的人也会少一半。这样看来，一个人要想在世上闹出一点动静，就会发现，保持理性，结果正好适得其反。

2 麦洛和斯密狄莱斯

麦洛，公元前六世纪后期著名运动健将，据说在公元前510年率领克罗托人攻打西巴里斯人，曾在奥林匹克运动会上六次夺得摔跤冠军。

斯密狄莱斯，公元前六世纪西巴里斯人，当时生活最奢靡之人。据说，曾带着一千奴仆，向雅典著名政治改革家克里斯提尼的女儿求婚，结果遭拒。

斯密狄莱斯（Smindirides）：麦洛，你扛着牛参加奥林匹克运动会，自豪得不得了，真的很奇怪。

麦洛（Milo）：啊，有什么奇怪的，这难道不是精彩的表演。希腊人都在鼓掌欢呼，我的声名传回了遥远家乡克罗托。我告诉你，那里出了许多优秀的摔跤手。你看看，你们这些西巴里斯人，简直是笑柄，根本不知道永恒为何物，你们那里的男人是出了名的柔弱，早上怕被公鸡吵醒，就把公鸡赶尽杀绝，要请一次客，得提前一年准备，好有充足时间考虑准备什么佳肴。

斯密狄莱斯：简直是信口雌黄！——你这个愚蠢的小丑！你难道没有脑子，扛着牛上场，累得气喘吁吁，汗流浃背，这样炫耀自己，跟你扛着的那东西有什么两样？

麦洛：请问，你又是什么东西？你抱怨一夜未合眼，担心撒在床上的玫瑰花瓣中有两瓣叠在一起,我敢肯定,你根本不是男人!

斯密狄莱斯:我承认,我有你说的敏感,可你为什么觉得那很奇怪?

麦洛:为什么!谁还不奇怪?

斯密狄莱斯:你难道没有见过一个男子,精心准备向情人求婚,俘获芳心后,因为顾虑情人到底是出于感激他还是真心喜欢他才答应,情不自禁转喜为忧?

麦洛:没有见过。那又如何?

斯密狄莱斯:你难道没有听说一个征服者,在一次光荣的远征之后,不满足于胜利,认为与其说是因为自己的勇武和果决,不如说是因为运气,认为成功是归于愚蠢的计划和错误的方略而歪打正着?

麦洛:没有听过。你说这些是何意义?

斯密狄莱斯:无论是那个求婚的男子,还是那个征服者,几乎所有的人,要是躺在那张玫瑰花床上,碰巧看到有两瓣叠合在一起,肯定整夜都不能合眼。世上最微小的事情都能摧毁我们的快乐。它们犹如玫瑰花床,不可能把所有玫瑰花瓣都摆得平平整整,必然会有花瓣叠合的现象,这就足以令人焦心。

麦洛:我才不会考虑那样的事情。依我浅见,你和所说的求婚男子和征服者,可以说都是傻瓜。你们为什么要变成那样的傻瓜呢?

斯密狄莱斯:你以为聪明人都是你这样藏在公牛身下的野狗?我告诉你,不是的;我们这些敏感的西巴里斯人才是聪明人。

麦洛:我现在明白你说的怎么回事儿。你们这些聪明人原本有许多的快乐,只是没有机会享受,所以你们就用敏感来缩减和剪掉多余的快乐。你们意识到大家不会有异议,无疑很聪明。

斯密狄莱斯:根本不是那样!聪明人根本没有那么多机会享受快乐。

麦洛:老实说,你们这帮聪明人都是十足的傻瓜,用敏感来扰乱心神。

斯密狄莱斯:这就是敏感的恶作剧!敏感很契合人的本性;它源于心灵最好的品质。我们乐意发现拥有这种性情;如果没有,我们愿意获得。然而,敏感减少了我们的快乐。快乐本来就不多,对快乐的感受也没有那么鲜活,我们的快乐也就缺乏生机。人是多么可怜的东西!他的自然条件提供的快乐本来就少,他的理性教导他品尝的快乐更少。

3　狄多和斯特拉托尼斯

狄多，推罗王的传奇女儿，她的丈夫遭她的兄弟谋杀之后，她逃到今日利比亚，在那里建立了迦太基。在维吉尔笔下，狄多爱上了在迦太基遭遇船难的埃涅阿斯，两人住在一起，形同夫妻。朱庇特看出埃涅阿斯有意住在迦太基安家，便警告他必须离开狄多，继续航行，去完成他命中注定的使命，建立罗马。狄多哀求埃涅阿斯留下，但是埃涅阿斯拒绝了，他说自己也并不想离开，去意大利实在是迫不得已。他再次扬帆起航时，绝望的狄多投身柴堆，自焚身亡。

斯特拉托尼斯，公元前三世纪塞琉古一世（Seleucus Nicator）的续弦。她的美貌引起继子，也就是后来登基的安提俄库斯一世（Antiochus Soter）的强烈爱慕。医生厄腊西斯特拉图斯发现了隐情，逐渐透露给了塞琉古一世。塞琉古一世爱子心切，同意与斯特拉托尼斯离婚，允许其嫁给爱子。

狄多（Dido）：我的斯特拉托尼斯，你看我多不幸！你知道我是怎么过的吗？我死心塌地地忠实于我的丈夫，宁愿活活烧死也不想另嫁，结果还是免不了受人中伤。有个名叫维吉尔（Virgil）的诗人，把我这样刚烈的贞妇，信笔写成了十足的荡妇，看到英俊的男子，立马疯狂地追求。我的历史完全黑白颠倒。其实,那个英俊的男子是好心人,他给了一堆木柴供我自尽。你猜我为何投身火海?我告诉你不是怕再婚,而是绝望,我新的意中人离我而去了。

斯特拉托尼斯(Stratonice):这的确是很严重的后果。如果你这样一个女人的身后,诗人都可以信口雌黄,编造你的故事,以后哪个女人,会为了守节,从容地蹈火?不过,话说回来,你的维吉尔或许不该受到什么谴责。就我所知,他发现了你生前希望永远保密的私情。否则谁知道呢?至于我,请你务必原谅,要是我听到你投身火海,还不为你抱屈——

狄多:如果维吉尔强加于我的那段私情,有一丁点接近事实,我也不会生气。可气的是,他给我安了一个名叫埃涅阿斯(Aeneas)的人做情人。我才出生,那家伙已化成灰三百年。

斯特拉托尼斯:你说的也是。不过,你和埃涅阿斯倒像是天造地设的一对:你们都被迫逃离故土;你们都得在异乡打拼,他是鳏夫,你是寡妇。你看是不是绝配?诚然,他比你早生三百多年,可这没关系。维吉尔完全有理由为你们做媒,因为他下了决心,三百年的时差根本无妨。

狄多:无妨?天啊!三百年还无妨?整整三百年啊!相隔这么长的时光,两个人还能相遇,情投意合?

斯特拉托尼斯:这就是维吉尔的高明。无疑,他洞明世事,才如此安排,在私情这件事上,表象最不可靠,看上去最虚假,往往才最真实。

狄多:照你这样说,我就该受中伤,该死的维吉尔,把这个美丽的神话编进他的诗歌!

斯特拉托尼斯:不要急着骂人!维吉尔把你当小丑了吗?在他笔下,你像个傻瓜在说话吗?

狄多:没有。恰恰相反,我出场的地方,是他诗歌中最光辉的乐章。他一再对我说，这一切都是神圣的，绝非丑闻。我很漂亮，对于所谓的情欲，我做了最精美的陈词。在他的诗歌里，他把我刻画成一个著名的女人，就连埃涅阿斯也赶不上我的一半。

斯特拉托尼斯：既然如此，你还抱怨，不是疯了吗？他给你安插了一段你一无所知的私情，这固然是卑鄙的侮辱，但作为报答，他把你塑造成美丽与智慧兼备的人物，这或许是你求之不得的吧。

狄多：的确是甜蜜的慰藉！

斯特拉托尼斯：诚然，我不知道你的容貌；但对于一般的女人，我向你保证，她们宁可美德有亏，也不愿意智慧或美丽受损。我坦白承认，我也是那样的女人。我夫君塞琉古一世的宫廷，有一个画师对我心怀不满。他为了报复我，画了一幅我躺在普通士卒怀里的画。他将这幅画公之于众后逃之夭夭。我的臣民都很愤慨，他们为了捍卫我的名誉，想把这幅画烧毁；但是，那个混蛋把我画得实在太好了，尽管画中我的姿态对我的美德有损，但我的美貌的确倾国倾城，所以我不忍心让人把这幅画烧掉。我把那个画师召回，赦免了他的罪过。要是由我来裁决，我认为你也应该赦免维吉尔。

狄多：的确，如果一个女人身上最大的优点是美丽或智慧，这会是一个有希望的世界。

斯特拉托尼斯：女人最大的优点是什么，众说纷纭，我不想在此争论。不过，我敢肯定，在日常谈话中，谈到一个陌生的女人时，人们往往首先问的是，"她美丽吗？"第二个问题是，"她智慧吗？"很少有人会再问第三个问题。

4　阿纳克瑞翁和亚里士多德

阿纳克瑞翁，生于公元前 570 年，卒年未详，古希腊抒情诗人，诗风轻盈诙谐，富于想象，主题常为声色美酒。

亚里士多德（公元前 384—前 322），古希腊著名哲人。

亚里士多德（Aristotle）：我想不到，一个胡乱写些十四行诗的小子，胆敢与我这样大名鼎鼎的哲人相提并论。

阿纳克瑞翁（Anacreon）：我觉得你是把"哲人"这个头衔看得太高了。作为你谦卑的仆人，我凭着涂鸦的十四行诗，摇身一变，得到了"智者"的美名。我想，我这个"智者"的头衔，足以媲美你"哲人"的头衔。

亚里士多德：那些送你这顶头衔的人根本不知所谓。请问，你何德何能，能够担此美名？

阿纳克瑞翁：我？——的确什么都不会，只知道吃喝玩乐，纵情声色。这就是神奇的地方，我就以这个代价，得到了"智者"之名。而你呢，费了九牛二虎之力，才得到"哲人"之称。想想吧，你要熬更守夜多少年，绞尽脑汁，辨章析义，推敲逻辑！想想吧，你写了多少高头讲章，讨论那些穷尽一生或许也搞不明白的晦涩命题！

亚里士多德：我承认，你走了一条通向智慧的大道。一个人要是光靠吃喝玩乐，就能获得莫大的荣光，盖过借助观察和研究才获得声名的伟人，无疑，他是相当聪明的。

阿纳克瑞翁：那你还讽刺什么？不过，我承认，我这样吃喝玩乐，可比你从事的哲思要辛苦很多。要像我一样吃喝玩乐，首先得断了一切强烈追求的念想，再也不要渴望力所不及的东西；时光扑面而来，我们要只争朝夕，全部用在享乐之上；总之，成千上万的小事首先得排个序，尽管这样的琐事没必要用得上什么逻辑，但要理出个头绪还是颇伤脑筋。你这样的人做哲学研究，条件就要好得多；没有必要节制欲望，没有必要弃绝贪念；亚历山大的宫廷之门朝你敞开，不愁吃穿；还有五十万克朗的小礼，只要不是十足的傻瓜，都能按照主人的心愿，做出各种各样的自然实验。窃以为，你们这种哲学，走向的恰是哲学的反面。

亚里士多德：我敢肯定，你在这里总是与不三不四的人鬼混，听信了他们讲我的坏话。不过，说到底，我认为，人之为人，还得靠理性，世上最高贵的事情，莫过于告诉他人，如何运用理性研究自然，如何破解自然给我们出的难题。

阿纳克瑞翁：是要看清人如何误用事物的功能吧！无疑，哲学本身是值得敬重的东西；对我们可能大有好处。但是，如果哲学参与人事，与人朝夕相处，规训人欲，那就挺讨厌，因此，人们会打发她走，要么送她上天，寻找天体，计算天体的轨迹，要么带她周游世界，省察看到的一切，总之，要让她远离人事。正是有心以最小的代价当哲人，人们才很狡猾地给这个名头"兑水"，一个人只要探索物理之道，就奉送他一顶"哲人"的头衔。

亚里士多德：你觉得什么名头更适合他们？

阿纳克瑞翁：哲学只关乎人事，不关乎其他。天体，是天文学家的事务；自然，是博物学家的事务；哲人的事务，是研究人事。但这样苛刻的条件，谁还会想做哲人？天知道，微乎其微。

那你们为什么要求特权呢？如果是哲人，当然名副其实，如果是一个天文学家或博物学家，却要声称哲人，这就很过分。至于我，我素来不想，思来想去，自伤脑筋；但我敢说，大量所谓的哲学书，多半不是哲学，正如我那些令你鄙薄的诗歌，多半也不是诗歌，比如这一首：

> 如果黄金能换回浪费的生命，
> 我会把珍贵的金矿藏在心里；
> 当严厉的死亡来临，我会说，
> 你看这里，拿着这些东西滚！
> 可惜，命运对于我是太严厉，
> 黄金对我算什么？爱情，美酒，
> 欢笑，远远好过无用的珍宝：
> 为了行乐我甘愿，万事皆抛。

亚里士多德：如果你决心只称关乎人事的东西才是哲学，那么，我写的一些道德篇什的东西，也远胜于你的诗歌。总之，你指责我的晦涩，或许可见于我的一些作品，但在我写的道德题材中，是丝毫看不到的。世人都承认，我关于情感的论述，再清晰精炼莫过。

阿纳克瑞翁：现在看来纯粹是幻象！问题不在于据说你所做的给这些情感下清晰的定义，而在于如何掌控情感。人们愿意听哲学讲解关于恶习的弊端，却并不愿意哲学改变他们的恶习。他们找到了秘密，像建构一套天文体系一样，在他们的情感领域，自我建构了一套道德体系。哪个凡人能够保持立场如一？看看贪财的流氓，为了钱财可以诋毁富人；看看那些懦夫，为了扯清何为勇气，宁肯拔刀相向。

5　荷马和伊索

荷马,可能生活在公元前700年之前,据说是史诗《伊利亚特》和《奥德赛》的作者。

伊索,据说是公元前六世纪萨摩斯岛的一个奴隶,当时的古希腊寓言都归在他名下。

荷马(Homer):说实话,你一再给我述说的寓言,无论怎么赞叹都不为过。它要求一个虚构的艺术世界,正如你在那些短小的故事里所做的一样,掩饰最重要的道德真理,把你的思想潜藏在十分公正,也十分熟悉的意象之后。

伊索(Aesop):这种艺术得到你的赞赏,我倍感荣幸,因为你就是精于此道的大师。

荷马:我?我从来没有这样做过。

伊索:什么!你从来没有在你的作品中暗示伟大的秘密?

荷马:真的,我没有。

伊索:为什么我同时代的大师都说你那样做过呢?无论是《伊利亚特》还是《奥德赛》,处处都蕴含神奇的象征意义。他们认为,尽管神学、自然哲学、道德哲学和数学一样,都无秘密可言,但在你的作品中,巧妙地隐藏了许多秘密。事实上,要破解它们有许多困难;可能有些地方,一个智者发现的是一种道德意义，另一个智者发现的是一种自然意义；但他们都同意这一点，你知晓一切，对那些受过启蒙、有一定理解力的人传递了一切。

荷马：不瞒你说，我一直怀疑，有人要在我的作品里找出就连我自己也不知道的秘密。正如绝没有把大胆猜测的东西当成确有其事，同样，绝没有一种寓言的写法，毫无预先的布局，任由后世来猜测其中的象征意义。

伊索：我敢肯定，你有极大的勇气，将如此重任托付给读者，给你的作品赋予象征意义。要是他们真这么做了，你会怎么样？

荷马：要是他们真这么做了，对我的危害也微不足道。

伊索：微不足道！请想想，你对互相残杀的神灵是怎么写的？你笔下大发雷霆的天主，当着全体诸神的面，呵斥桀骜的天后，要她守点儿规矩。同样暴烈的马尔斯（Mars），狄俄墨得斯（Diomede）打伤他之后，正如你所说，狂怒不已，发出的吼声如同万军，却没有显示出一个人的勇气：没有把所有希腊人碎尸万段，结果自己头破血流，痛哭流涕地去找天主。你认为这些描写没有象征意义说得过去吗？

荷马：为什么说不过去呢？你有一种执念，认为人心只追求真理。我求求你，醒醒吧。我告诉你，人心和谎言总是意气相投。如果你要传达真理，就用寓言来包装吧，这更行之有效。如果你存心讲故事，不包含一丝真理——无论明说还是暗示——你都可以随心所欲地改道。因此，你看，真理不得不借用谎言的外衣，它才能在人心中受到欢迎；但谎言可以不加掩饰大摇大摆地登堂入室，因为人心就是它的出生之地，日常居所，而真理只是人心中的异乡人。我还要告诉你，假如我绞尽脑汁，发明有象征意义的寓言，我绝大多数的读者或许会把它砍掉，眼不见心不烦，只管字面意义，把我的寓言弃之而不顾。我必须跟你说，实际上，我笔下的那些神灵，就是那个样子，毫不神秘，也没有人们所想的那么可笑。

伊索：天啦！你吓了我一身冷汗。我突然很恐惧，担心人们实打实地相信我的寓言，认为动物就像我描写的那样说话。

荷马：你的担心不无道理！

伊索：要是人碰巧认为，诸神就像你描写的那样说话，他们有什么理由不会相信，动物也像我描写的那样说话？

荷马：哎呀！完全不是一回事。看起来，如果诸神像人一样很傻，人会非常开心，可要是动物也和人一样聪明，人是绝不会开心的。

6 阿忒奈斯和伊卡西娅

阿忒奈斯,东罗马帝国皇帝阿卡狄乌斯(Arcadius, 377—408)的王后。基督教史上著名神父"金口圣若望"(John Chrysostom)深恶其为人,遭其流亡。阿忒奈斯生年不详,卒于404年。

伊卡西娅,以美色著称,821年春,参加了东罗马帝国皇帝狄奥斐卢斯(Theophilus, 800 或 805—842)的选秀大会,抱恨而去,自筑茅庐,避世隐居。

伊卡西娅(Icasia):既然你这么想知道我的奇遇,我就告诉你吧。我生活那个时代的国王,一心想要找一个心仪的王后,于是颁下一道圣旨,凡是自认为美丽贤淑、母仪天下的女子,都受邀齐聚君士坦丁堡。美女如云,天知道去了多少!出于虚荣,我也跟着去了,自信凭着美丽青春、善睐明眸和翩翩风度,至少有见到国王的良机。选美的日子到来,所有候选的美女集中在一起,你肯定知道,大家心怀嫉妒,相互打量。至于我,这极大地满足了我的虚荣心,因为看到众多的对手朝我投来了嫉妒的目光。这时国王出来了,他默默无言地检阅了几排秀女,走到我面前时,我的明眸引起了他的注意,他停下了脚步。我尽量装出一副楚楚可怜的样子。他打量着我说:"红颜是祸水,倾国又倾城。"我想，现在只要一点勇气，加以机智反驳，机会就属于我了。于是，在欣喜和期盼交织成的迷乱之中，我迅速回答道："陛下，纵然有些红颜会是祸水，有些红颜也能泽被苍生。"熟料我这回答闯了祸，因为国王认为我太过机智，他宁愿被绞死也不敢选择我。

阿忒奈斯（Athenais）：那个国王肯定喜欢捕风捉影，见到你一点点智慧就怕得要命，把你的天真误当成胁迫他的交易，以为你发现了他许多的缺点。我且坦白对你说吧，没关系，不要让你沉甸甸的智慧压住你的良知。

伊卡西娅：不过我还是承认时运不济。你看，你仅凭智慧就当上了王后，而我呢，就因怀疑我有智慧，就剥夺我当王后的资格。尽管我比你聪明十倍，却没有你的好运，你和年岁比你小的阿卡狄乌斯成婚。

阿忒奈斯：如果我有一个你这样的榜样在我眼前，我一定会惊恐万分。我要感谢我的父亲。他教导完我的智慧和学问之后，剥夺了我的继承权，他告诉我，我手里已经有了一笔丰厚的财富，不必担心会受人青睐。他还告诉我，只要我认为是真理的东西，不妨直言。直到现在我才确信，我冒了世上最大讥嘲的危险，我有百分之九十九的可能，除了与哲学相伴之外，最终会一无所有。

伊卡西娅：现在想想后来者会多么迷惑。这真是一个极好的玩笑，要是有人碰巧置身于和我一样的处境，以前读过我的故事，愿意从中汲取教训，想来会很狡猾地掩饰智慧，宁愿装傻遭人嘲笑。

阿忒奈斯：即使她们故意装傻，我也不会赌她们成功。的确，我们经常做出世上最幸运的傻事，只是不知不觉而已。你难道没听说过一个画师的故事？他画的葡萄很逼真，结果引来鸟儿啄食。想象一下他该为此受到多少人崇拜。但是,他的葡萄画里还有一个小孩。有人对他说了一番机智的话。那人说,你的葡萄的确画得好,鸟儿都会来吃,可这小孩儿画得不好,不能以假乱真,吓走鸟儿。这番话当然很有道理;可要是不把那个小孩画得那么失真,他画的葡萄又怎能产生神奇的功效。

伊卡西娅:说到底,我们身在世间,都得做事,但我们发现,没有人知道该怎么做。这个画师的故事足以让我们警惕,即便是我们拿手的事务,也足以让我们怀疑,我们竭力躲避的一些错误,是否最好应该犯下。一切都是如此不确定,命运似乎煞费苦心要给同样的事务安排两种完全不同的结局,玩弄人类的理性,让人类找不到固有的航向。

7　厄若斯塔图斯和德墨特里乌斯

厄若斯塔图斯，一个古希腊的年轻人，为了成为"历史名人"，于公元前356年7月21日纵火烧毁了位于土耳其以弗所的世界七大奇迹之一的亚底米神庙。

德墨特里乌斯（公元前350—前280），希腊哲学家，雅典总督，亚历山大图书馆创立人之一。

厄若斯塔图斯（Erostratus）：雅典建了三百五十尊塑像，作为对你的纪念！——你太了不起啦！

德墨特里乌斯（Demetrius Phalereus）：我只要把政权掌握在手中，要人民建立雕像来纪念我，就根本不是难事，这点你不妨相信。

厄若斯塔图斯：我敢保证，你会情不自禁地认为，自己分身了三百五十次，城邦各地到处是你亲爱的自我？

德墨特里乌斯：我承认。但是，天啦，这是多么短暂的快乐。局势说变脸就变脸，一天之内，我的雕塑无一留存，全被打倒，砸得粉碎。

厄若斯塔图斯：多么可怕的命运反转！请问，是谁干的这件大事？

德墨特里乌斯：安提戈努斯（Antigonus）的儿子波利奥塞特

斯（Poliorcetes），这个混蛋。

厄若斯塔图斯：如果我是他，我会进天堂！我发誓，捣毁那么多献给一个人的雕像，其乐无穷。

德墨特里乌斯：那样粗暴的愿望，只有你这种纵火烧了以弗所神庙的家伙才有，我看你旧习未改。

厄若斯塔图斯：我烧了那座神庙，已经受够了责难；希腊人都在我背后指指点点。不过，说真的，人会如此失去理智，的确是可悲的事。

德墨特里乌斯：你还是有理由，抱怨他们讨厌那样一次勇敢的行动对你造成的不公，抱怨那条严厉的法律，以弗所禁止任何人提到厄若斯塔图斯这个名字。

厄若斯塔图斯：打住，我根本没有理由抱怨。以弗所都是一群麻木而可怜的老实人，没有任何远见，不准提到一个人的名字，恰是使之不朽的通途。不过我想问的是，这条法律到底有何依据？确实，人们说的对，我的野心有些过分，所以我烧了他们的神庙；好，那又怎样呢？——他们应该给我写一封感谢信，我的野心也没有让他们破费；他们的身价也没有降低；要是换了一个人，一定会拉着他们的耳朵往死里整，必欲踏平整个城邦而后快。

德墨特里乌斯：听你说了这番话，我们发誓，你有理由四处发威，像一道可怕的飓风，摧毁挡道的一切，让人对你念念不忘。你克制未做的一切恶行，都应算作你的大慈大悲。

厄若斯塔图斯：我会尽量表明，为什么有理由烧了以弗所神庙。试问，建造这样一座气派庄严的神庙，到底为了啥？难道建造者的意图还不是想声名流传？

德墨特里乌斯：很有可能。

厄若斯塔图斯：同样，我把那座气派神庙化为焦土，也是为了声名流传。

德墨特里乌斯：有道理！你是不是认为，为了你的虚荣，你摧毁他人的成果，这完全合理合法？

厄若斯塔图斯：合理合法？当然。你知道，虚荣借助他人之手建起的这座神庙，也可以借助我的手使之毁灭。人之一切成果，归根结底，无不是出于虚荣。正是虚荣，造就了一切，只要虚荣开心，她也可以使一切毁灭，能够再次剥夺毁灭。再伟大的邦国，假如虚荣在其中有利可图，就不应该低声抱怨自己被她颠覆，因为它无法假装，自己的起源毫无虚荣的成分。假如一个国王突发奇想，要把布塞法利亚这个小城夷为平地，以此纪念他死去的爱马，难道这就冤屈了小城布塞法利亚？依我看，一点不冤；因为这个地名，本来就是出于虚荣，为了纪念亚历山大的战马布塞法利亚，所以它命定适合作为那个国王爱马的陪葬品。

德墨特里乌斯：照你这么说，没有东西是安全的；至少在我看来，没有人是安全的。

厄若斯塔图斯：是的。虚荣在戏弄我们的人生，正如它戏弄世上的一切。一个男人要留名，就得尽可能多地留下后代；一个征服者要留名，就得尽可能多地杀人。

德墨特里乌斯：我毫不奇怪，听到你不遗余力为毁灭者辩护。但说到底，摧毁另一个人光荣的丰碑，固然是建立自己丰碑的途径，可我还是确信，这是最卑鄙的途径。

厄若斯塔图斯：我不同意你的说法。退一步说，即使那是最卑鄙的途径，也必然有人会采用。

德墨特里乌斯：必然？

厄若斯塔图斯：是的。这个世界犹如一个大册子，每个人喜欢在其中写下自己的名字。现在这个大册子写满了，有些名字必须擦掉，为新的名字留出地方。如果所有古人的丰碑今日仍然屹立，世上就会到处挤满古人的丰碑，今人就没有树碑的空间。你怎么能做那样愚蠢的莽夫，洋洋自得地认为，你那三百五十尊雕像的根基就能永固？如果你还有良心，难道你现在还不明白，你的光荣占了太多的空间？

德墨特里乌斯：不过，我遭到的报应还是挺遗憾！一旦我的雕像立起，我难免会想，最好永远只让我的雕像屹立。

厄若斯塔图斯：是的！在那之前，如果你不是想永远只让它们屹立，你就不会建造它们。正是虚荣，正是种种欲念，建造起一切，然后毁灭掉一切，在世上搞出一片喧嚣。假使理性统治一切，世界将会风平浪静。可是人们常说，水手最怕风平浪静的大海，因为不能起航，所以才渴念风起，哪怕有暴风之危。人之虚荣或欲念，就如风，人间万事能够起动，必靠其助力，但与此同时，也就带来了无数飓风。

8 卡尔利赫亚和泡莉娜

卡尔利赫亚,罗马神话中生于山林水泽之地的美丽小仙女,与人同形,难以明显区分。

泡莉娜,公元一世纪罗马帝国叙利亚总督萨图尔尼努斯之妻。

泡莉娜(Paulina): 我认为,一个女人要是被人狂热爱上,从那一刻起,她的人身就陷于危险。为了达到目的,一个狂热的爱人怎能不竭尽所能?很长一段时间,我都在抵制蒙德斯(Mundus)的追求,尽管他是一个英俊勇敢的罗马青年。无论他怎么许愿和流泪,我都没有动摇,最后他是要了个诡计才得逞。我一直很信仰神灵阿努比斯(Anubis)。一天,一个女祭师前来告诉我,阿努比斯也迷恋上了我,要我到他的神庙幽会。阿努比斯的情人!你一定知道我当时对这份荣耀感到多么自豪。我准时赴约,受到温柔的款待。我现在就老实告诉你吧,这个阿努比斯就是蒙德斯。但是,天啦,我那时蒙在鼓里,怎么能够抗拒?据说,有些女人会心甘情愿向神献身,那些神有时装成人的样子,有时装成动物的样子。我敢肯定,女人更有理由献身给神灵一样的男子。

卡尔利赫亚(Callirhea): 为什么男子总有无穷的诡计?我

这么说，是出于经验，因为我也有类似的经历。我是一个特洛伊女子，在结婚时，按照本地习俗，我要在一大队人马的陪同下，打扮得漂漂亮亮，主动向河神斯卡曼（Scamander）献出贞操。在我敬拜了河神之后，他从灯芯草中走出来，要我兑现承诺。我告诉你吧，我认为这是巨大的荣耀，其他人也都这么认为，甚至包括我那即将拜堂的夫君。这一切好事就在恭敬无言中完成。我的同伴都暗地里羡慕我的幸福。结束之后，河神又回到了灯芯草丛里。不久，在一个小村子里，我再次见到了这个河神，可想而知，我是多么震惊。我后来才知道，他是一个雅典海军将领，率领着一个船队驻扎在那条河岸！

泡莉娜：什么！你当时认为他是河神斯卡曼？

卡尔利赫亚：是的，你有什么怀疑？

泡莉娜：我想问一下，这真是你们当地的风俗吗，河神真的会接受即将出嫁的少女对他做出的承诺？

卡尔利赫亚：不。要是真有其事，人们就不会做出那样的承诺。河神也会谦逊地满足于人们对他表达的客套，不会提出非分要求。

泡莉娜：你的斯卡曼要你兑现承诺，你当时会很怀疑他吧？

卡尔利赫亚：为什么要怀疑呢？一个处子，难道不可能想象，此前的女子，都不够漂亮以取悦河神？或者，她们只是虚情假意搪塞他，他也就认为没有必要正眼相待？女人天生都爱自命不凡。你这么苛责我上了斯卡曼的当，你自己难道不也上了阿努比斯的当。

泡莉娜：也不算是完全上当。我的确有一丝怀疑，那个阿努比斯可能只是一个凡人。

卡尔利赫亚：可你还是去见他了！——这如何解释？

泡莉娜：要是你，怎么办？我听所有的智者都说过，如果我们不喜欢自欺，就很难品尝到快乐。

卡尔利赫亚：说得很好！喜欢自欺！——但很可能他们不是那个意思。他们的意思是，世上再快乐的东西，如果我们稍微认真省察一下，说到底都微不足道，不应该对我们有何影响。可是，快乐生成出来，不是为了认真省察，许多时候，我们一直被迫为它们效劳，把自己搞得这么严肃认真，实在愚不可及。这才是你提到的智者的意思——

泡莉娜：这也是我想说的意思：要是我在阿努比斯这件事情上过于认真，我会很快发现他根本不是神；但我既然把他当神灵看待，我就不在意追究这件太离奇的事。如果我们有意接受的爱情首先得通过我们理性的验证，我们又在哪里找得到情人？

卡尔利赫亚：我的要求没有那么严格；只要我的理性容许我去爱的人，他就是我的情人。总之，相比于相信被一个神灵求爱，我们更容易相信自己被一个永远忠实的男子求爱。

泡莉娜：说真的，两者几乎没区别。我既可以很快相信蒙德斯是一个神灵，也可以很快相信他是一个永远忠实的男子。

卡尔利赫亚：啊！——你说得也太过分了吧。即便我们相信神灵会谈情说爱，也没有人认为会经常发生。我倒是经常听说永不变心、愿意为情人牺牲一切的忠实男子。

泡莉娜：如果你把一个男子对你的关怀、牺牲和宠爱，当成忠实的真正标志，那么，我告诉你，你可能找到许多忠实的情人。但这不是我的算法。在这个名单里，我要剔除所有那样的情人，他们的爱情要么并不长久，随着时间的流逝而自然终结；要么并不令人幸福，没有理由坚持到最后。我只保留了那些无论时光如何流转、容颜如何变化却依然初心不改的情人。这样的情人恐怕不多，接近于爱上凡人的神灵数量。

卡尔利赫亚：即便按照你的算法，肯定还是能找到一些忠实的情人。假如一个男子告诉一个女子,他是为其美德而神魂颠倒的一个神灵,她一定会当面嘲笑;假如他发誓会永远做她忠实的情人,她会马上相信。这两种反应的差别,原因是什么?不外乎,忠实的情人肉眼可见,爱上凡女的神灵绝无仅有?

泡莉娜:要举例子的话,我还是认为这两者不相上下。我们不会自欺到把一个男子当成一个神,是因为我们的心不鼓励这样做。一个女子绝不会相信自己的情人是一个神,是因为她不希望他是一个神,但她希望他忠实,因此也就相信他忠实。

卡尔利赫亚:你肯定在开玩笑。什么!所有女子都会把她们的情人当神,如果她们希望他们是神的话?

泡莉娜:我敢发誓她们会;如果说这种错误在爱情中是必要的,那么自然肯定早就在我们心中做了安排,渴望这种错误。心灵是一切错误的渊薮,我们一有机会就犯错,在这方面,心灵绝不会拦阻。

9 坎道鲁斯和巨吉斯

坎道鲁斯，公元前七世纪吕底亚赫拉克利德王朝的末代国王。

巨吉斯，原本是坎道鲁斯的仆人，很受宠。坎道鲁斯把所有的秘密都告诉巨吉斯。坎道鲁斯对自己王后的容貌非常自信，为了炫耀，他把巨吉斯偷偷带到自己的寝宫，偷看王后的裸体，但是被王后察觉。按照吕底亚的风俗，女子如果被除丈夫之外的男人看见裸体，是奇耻大辱，因此王后对坎道鲁斯怀恨在心，她给了巨吉斯两个选择：一个是杀死坎道鲁斯，成为国王并娶她；另外一个则是巨吉斯死。公元前680年左右，巨吉斯选择了和王后同谋杀死了坎道鲁斯，夺到了坎道鲁斯的王后和王国，开创了吕底亚迈尔姆纳德王朝，在位38年。柏拉图在《王制》中记载了他找到可以帮助其隐身的金戒指的传说。

坎道鲁斯（Candaulus）：我越想这个事，越觉得你根本没有必要谋害我。

巨吉斯（Gyges）：我能怎么办？你叫我偷看了一眼王后的美貌，第二天，她就送信来告诉我，在前一晚你带我进她寝宫时，她就已经识破，她义正词严地控诉我侮辱了她的贞洁，最后告诉我，我只有两条路，准备送命，或者杀你娶她，因为她认为，考虑到自己的名声，我要么得享所见，要么被灭口销声，免得到处炫耀。我理解她的意思：我对她的伤害其实并不是那么大，只要她愿意，她完全可以装聋作哑，蒙混过关，即便出于名声的考虑，也不会要你的命。老实告诉你吧，她是厌烦了你，所以找个保全名声的借口，欢天喜地除掉你。你现在就饶了我吧，我真的是走投无路。

坎道鲁斯：相比于担心她厌烦我，我更担心你迷恋上她。我是多么粗心的傻瓜！我没有料到，她的美丽会让你神魂颠倒，我还把你当成不为美色所动的正人君子！

巨吉斯：你倒不如自责，娶了一位佳人，得意忘形，守不住秘密。

坎道鲁斯：你这样说来，我做了天底下最自然不过的事情，还要自责。一个人身处极乐，要掩饰自己的幸福，是不可能的。

巨吉斯：如果是作为一个情人的幸福，那还情有可原，但你的幸福是作为一个夫君的幸福。如此轻率对待自己的情人，倒不奇怪，但是，你对待的可是自己的王后！——如果人们按你的所为来判断婚姻，他们对婚姻还有什么甜美的看法！

坎道鲁斯：可是，说真的，你相信我们可以满足没有人见证的幸福吗？大勇之人渴望人们见证其勇敢，幸福之人也希望人们见证其幸福，方才感到至乐。你问我怎么知道，那我问你，要是看上去幸福会更多，谁会选择看上去幸福更少？可以肯定，我们炫耀自己的好运，无不想要给他人造成伤害，由此方可感到巨大的满足。

巨吉斯：照你的说法，要报复这种伤害，是很容易的，你只需闭上眼睛，对他人的炫耀不闻不问，否则，要是你喜欢攀比，你所感到的痛苦，也就成为他人的幸福。

9　坎道鲁斯和巨吉斯

坎道鲁斯：我同意。前天，我听到一个生前做过波斯国王的亡灵讲过一个故事，可以为证。他被俘之后，戴上镣铐，被押送到一个大帝国的首都。得胜的皇帝坐在金銮大殿之上，文武百官列阵，殿外观者云集，一派肃然，他们从没见过如此盛大的排场。那个被俘的国王出现在一队长长的战俘和战利品之后，就在经过得胜的皇帝面前时，他突然停步，欢天喜地喊道："愚昧呀！愚昧！一切都是愚昧！"他知道，这一声大喊，完全破坏了胜利者的喜悦之情。我意识到了这一点，所以我相信，面对我最强劲的敌人，我也不会炫耀自己的胜利。

巨吉斯：可是，当我看见你的王后，如果我不认为她美，只是一声感叹"愚昧呀！愚昧！"，你就不会再爱她了。

坎道鲁斯：我必须承认，这的确会大大伤害我作为夫君的自豪感。现在，由此你可下结论，一个男人得到一个美女的爱，一定要很谨慎，绝不要因为虚荣冲昏了头脑，这种谨慎才是最难的美德。

巨吉斯：听着——（尽管我是一个亡灵，我还是不想把这句话说给另一个亡灵听）——在爱情这件事情上，得不出与虚荣相关的结论。自然早就安排好了爱情的交易，与是否谨慎没有什么关系。自然为每一颗心灵配备了另一颗心灵，她并非总是认真地安排最值得的人选。这是一件复杂的事情，经验表明，找到一个好女人，不能证明一个男人的本事，只能说是运气。在我看来，正是这些原因才应该让情人们保持谨慎。

坎道鲁斯：我敢向你保证，女人不希望获得那样的谨慎，因为它基于一个前提：不要对自己的情人感到自豪。

巨吉斯：男人从爱情中得到快乐，难道这还不够？如果得到了更多的温柔，少一些虚荣又何妨？

坎道鲁斯：不！他们是不会同意的。

巨吉斯：请考虑一下，当自豪进入了情事，它就败坏了一切。女人的自豪首先破坏了她们情人的利益，她们的情人在走出这种自豪造成的废墟之后，会产生他们的自豪，反过来这会破坏女人的利益。这就是把自豪放错地方的后果。

10　海伦和弗尔维亚

海伦,古希腊神话中第三代众神之王宙斯跟勒达所生的女儿,在她的后父斯巴达国王廷达瑞俄斯的宫里长大。她是人间最漂亮的女人。在她出生时,神赋予她可以模仿任意一个女人的声音的能力。长大后,她和特洛伊王子帕里斯私奔,引发了长达十年的特洛伊战争。

弗尔维亚,马克·安东尼第一任妻子,死于公元前 40 年。

海伦(Helen):最近,在这里,奥古斯都(Augustus)告诉了我一件事,我必须说,我对之很感兴趣。弗尔维亚,你对奥古斯都颇为动心,但他无动于衷,所以你才挑起你的丈夫马克·安东尼(Marc Antony)和他打内战,是真的吗?

弗尔维亚(Fulvia):我亲爱的海伦,确是事实!我今日坦白承认,是因为在我们亡灵中,不会造成任何后果。安东尼爱上了一个戏子,为了出这口恶气,我就想引诱奥古斯都爱上我。可是天啦!奥古斯都太难搞了。我碰巧年岁比他大,长得也不够漂亮,我跟他说得很清楚,你瞧不起我的话,就会惹一场内战上身,可我使尽了浑身解数,他还是不对我献殷勤。我不介意给你再背一下他那时写给我的诗,尽管我承认它们并不会为我增光。诗是这样写的:

安东尼背叛了自己的妻子，跑去
宠爱明眸善睐温柔可人的格拉菲，

（你肯定知道，那个戏子就是格拉菲——）

恼怒的弗尔维亚准备好她的技艺，
为了反击，她向我张开她的罗网：
她丈夫的错误，我为何必须忍受，
这恶心的瘟疫，做她复仇的工具？
她想要什么？我的命运多么辛苦，
要是罗马所有不满的妻子，在家
遭了嘲讽，都来找我安慰和修复！
她说若我拒绝她的爱，就是战争：
我想到，她很丑，于是吹响号角！

海伦：这样说来，你和我引发了或许有史以来最伟大的两次战争：你挑起安东尼和奥古斯都的战争，我挑起了特洛伊的战争。

弗尔维亚：不过还是有别，你是因为美丽引发了特洛伊的战争，我是因为丑陋引发了奥古斯都和安东尼的战争。

海伦：公平地说，你在这一点占了上风：你引发的战争肯定比我引发的战争更温柔。我的丈夫是因为另一个人爱上了我，觉得丢了自己颜面，才怒而报复，这自然可以理解；你的丈夫是因为另一个人不爱你，觉得你丢了颜面，才怒而操戈，这就让人好奇。我想，这体现了一个丈夫的新风！

弗尔维亚：你说的也对。可是，安东尼不知道他是为我而战，而你的丈夫知道他是为你而战，你丈夫这种愚行，我绝不原谅。这难道还不是明摆着的吗？要是帕里斯（Paris）抛弃了你，墨涅拉俄斯（Menelaus）还会带着全希腊的军队远征特洛伊，围城十年也要逼你摆脱帕里斯的怀抱？不，不会的，我想墨涅拉俄斯宁愿再围困斯巴达十年，也不会再要你的。真的，我认为希腊人和特洛伊人都疯了。希腊人疯狂地索回你，特洛伊人更加疯狂地留住你。说到底，为了取悦你这样一个女人，值得牺牲那么多人吗？我读到荷马笔下这一段，禁不住笑出声来，打了九年战争，最近一场仗伤亡惨重，普里阿摩斯（Priam）在宫殿召集群臣议事，安忒诺尔（Antenor）当场提议放弃你了，照我看来，实在没有反对他的理由，特洛伊人只需要暗骂一声自己愚蠢，怎么没有早想到这一点就可以了，谁知帕里斯激动地强调，他绝不同意这个提议。如果你相信荷马的话，普里阿摩斯的智慧堪与诸神媲美，纵然如此，见到群臣对此奇怪的问题观点对立，他也觉得左右为难，不能做出抉择，于是下令暂时休会，先去吃饭。

海伦：特洛伊战争至少有一个好处，那就是，其可笑的缘起是明摆着的。但奥古斯都和安东尼的内战似乎不是这样。当罗马人的鹰旗铺天盖地，人们根本没有想象，如此残酷热烈的内战，源于奥古斯都冷冷地拒绝了你的垂青。

弗尔维亚：世界就是这样。我们眼里只见惊天动地的大事，没有想到起因往往非常可笑。因此，为了历史大事的光彩，有必要掩饰其起因。

11　帕墨尼斯库斯和忒奥克里图斯

帕墨尼斯库斯，古希腊天文学家阿利斯塔克（公元前315—前230）的弟子。

忒奥克里图斯，公元前四世纪希腊雄辩家、智术师。

忒奥克里图斯（Theocritus of Chios）：你进了特洛福尼俄斯（Trophonius）的洞穴之后，真的就不会笑了吗？

帕墨尼斯库斯（Parmeniscus）：真的。我变得很严肃。

忒奥克里图斯：要是知道那个洞穴很灵，我也会去那里试试。很倒霉，我这一辈子笑得太多，付出了不少代价；要是少笑点儿，可能会长命一些。要是开了一次倒霉的玩笑，惩罚我去那个洞穴，我可要谢天谢地。安提戈努斯一世（Antigonus）是个独眼，我大大得罪了他；他答应，只要我出现在他面前，他就捐弃前嫌。为了给朋友道别，我迟迟没有上路。他们宽慰我说："不要怕，国王会原谅你，只要出现在他眼前，就无性命之忧。"我说："既然如此，就此别过，要是我不出现在他面前，得到他的原谅，我就永远没命了。"然而，安提戈努斯一世有心原谅我的罪过，却不能原谅我的讽刺，我就因为不合时宜的嘲笑而掉了脑袋。

帕墨尼斯库斯：我不知道，假若我有你那种搞笑的天赋，我会不会很高兴,哪怕付出你说的那种代价。

忒奥克里图斯:对于我来说,要是有你那样的严肃,我什么都可以换!

帕墨尼斯库斯:天啦!你根本没有想到你想换的是什么。你知道吗,严肃是我的致命伤。什么都不能让我摆脱严肃。我想尽办法笑,结果都徒劳。世上那么多可笑的事情,我一点也体会不到,因为对我来说,世上只有悲伤。总之,当我去祈祷德尔斐(Delph)的神可以教我一些笑的方法,我当时对神谕中蕴含的智慧很困惑。那个神含糊其词指引我去寻找"母亲的力量",我以为他指的是我出生的城邦,所以我打道回府,但还是没有找到解脱之道。我开始认为我不会笑是绝症,直到我碰巧去了一趟得洛斯岛。在那里我看见了金碧辉煌的阿波罗(Apollo)神庙,看见了他巍峨的雕像,真是大开眼界。阿波罗的黄金雕像和大理石雕像似乎到处都有,都出自希腊能工巧匠之手。但我最后碰巧在森林里看到阿波罗母亲拉托纳(Latona)的雕像,雕刻得很丑,就像一个形容枯槁的丑老太婆。见到这对母子的差异那么大,我终于忍不住笑了,笑得很欢畅。你想不到,我那时多么吃惊,欣喜地认为我会笑了,然后我理解了神谕的真正意义。总之,我没有给黄金或大理石做的阿波罗雕像献祭,这个木雕的拉托纳才让我顶礼膜拜。我跟你说吧,我不知道给她献了多少次祭,反正我反复给她烧香。要是有钱,我一定给引我发笑的拉托纳建一座神庙,日日供奉。

忒奥克里图斯:我认为,你与其花那么多钱在拉托纳身上,不如给阿波罗,他可能更容易给你笑的能力。你可能是看惯了阿波罗的黄金或大理石雕像,所以看到拉托纳的木头雕像才会笑。

帕墨尼斯库斯:我们发现,要是我们没心情,有些人甚至都不值得我们嘲笑。他们生来就可笑,要是这样,请问,又有什么好惊奇的？但一个女神乐意那么可笑，就有些奇特了。阿波罗可能说服我，我的病症非人力可以解决，在这种极端情况下，需要神灵的帮助。

忒奥克里图斯：可是，你如此强烈渴望的快乐，却是更大的恶。一个城邦要是染上了这种恶，就要为此付出沉重的代价。

帕墨尼斯库斯：什么？会有一个城邦的人天生都很快乐？

忒奥克里图斯：是的，就是特林提亚人。

帕墨尼斯库斯：多么快乐的人！

忒奥克里图斯：快乐？——我告诉你吧，他们严肃不起来，哪怕是在最重大的时刻，最终，任何事都变得一塌糊涂。要是他们公开集会，不是解决城邦事务，个个都像插科打诨。要是坐着听异邦使节讲话，个个都是嬉皮笑脸。要是开议事会，最持重的元老的讲话也像一场闹剧。不管是在手的事务、通达的话语还是明智的行动，都会引起他们狂欢。总之，他们就像傻瓜和小丑，发现这种滑稽的性情是一种绝症，正如你得的那种悲伤性情的绝症。他们也跟你一样去了德尔斐，只不过祈祷的是完全相反的东西，想知道如何恢复稳重。神谕回答说，只要给海神尼涅普顿（Neptune）献祭一头牛，献祭时不要笑，他们就会变得更审慎英明。你会承认，献祭，无论什么时候都是一件严肃的事情；但就是这样平常而严肃的事情，他们都得使尽浑身解数，做好准备，保持严肃。他们决定不要小孩参与，也不要老人参与；他们只让有病、有债、有恶妻的男子参与。当这群精挑细选的人集中到海边，来做严肃的祭奠时，尽管有病、有债、有恶妻，都上了一定年岁，但为了保持严肃，他们仍然需要相互鼓劲，拼命板起面孔，眼睛死死盯住地面，眉头紧锁，牙关紧咬。可是，就是这么不幸，一个小孩挤进来，按照指令，他们赶他走。这个小孩突然大叫："看在神的面上，你们以为我会把这头牛吞了？"这一句傻话破坏了整个场面，打破了大家拼命装出的严肃。所有人都开心大笑，献祭的事情被彻底搅乱，特林提亚人也依然像以前一样是些乐呵呵的傻瓜。当然，这场失败的献祭之后，他们还是有值得谴责的地方，他们没有想到特洛福尼俄斯的洞穴有这种神奇的功效，能够让人变得严肃，产生你身上那样巨大的变化。

帕墨尼斯库斯：你现在想听我说实话吗？是的，我进了那个洞穴；但那个让我变得如此忧伤的洞穴，完全是另一回事。

忒奥克里图斯：那是怎么回事？

帕墨尼斯库斯：那是由于反思。我经过不少反思，以后也就再也不笑了。要是神谕也为特林提亚人开了那样一道明确的药方，他们的快乐这种绝症是很快可以治愈的。

忒奥克里图斯：我必须承认，我不是很理解你说的反思是什么，我难以想象它们为什么如此懊恼。难道就不可能有正确的看法，但同时肯定令人忧伤？错误难道享有快乐的特权，理性难道只是用来折磨或摧毁我们？

帕墨尼斯库斯：看起来，我们应该理性思考，这不是自然的意图，因为自然兜售的那些思想价格高昂。她说，你是赞同反思；但请注意：我会有我的报复，那些反思将给你带来悲伤。

忒奥克里图斯：但你没有告诉我，为什么自然不会让我们尽情追求反思？

帕墨尼斯库斯：自然把人送到世间生活；要生活下去，我们绝大部分时间都要对我们的所作所为保持无知。我们一旦发现我们所做的一切或感动我们的一切是多么没有意义，我们就掠夺了自然的秘密。我们要是过于聪明，我们就不甘于为人。我们耽于思考，我们就不再行动。这是自然不会允许的。

忒奥克里图斯：但是，同样的理性，在帮助你思考深入的同时，也会迫使你像他人一样行动。

帕墨尼斯库斯：你说的对；有一种理性，借助思考让我们超然于万物，肯定也有另一种理性，借助行动又把我们带回万物之中。既然如此，根本不用思考，难道不同样合适？

12　布鲁图斯和福斯蒂娜

布鲁图斯（公元前85—前42），晚期罗马共和国的一名元老院议员。作为一名坚定的共和派，联合部分元老参与了刺杀凯撒的行动。后来，在与奥古斯都和安东尼的对垒中失败自杀。

福斯蒂娜（125—175），安东尼·庇护之女、哲人王马可·奥勒留之妻，素以"风流"闻名。

布鲁图斯（Brutus）：你的丈夫，马可·奥勒留（Marcus Aurelius）皇帝，无疑是罗马帝国最好的人，他对你又百依百顺，你却兴之所至，干出无数次不忠之事，这可能吗？

福斯蒂娜（Faustina）：那我问你，尤尼斯·凯撒（Julius Caesar）那么一个温和节制的皇帝，你可能暗杀他吗？

布鲁图斯：我刺杀凯撒，是想吓倒天下所有的篡位者，温和节制不能保证他的安全。

福斯蒂娜：那我想告诉你，我对奥勒留不忠，是想吓倒天下所有的丈夫，不要再想做他那样一个好心没好报的人。

布鲁图斯：这样说来，倒是一个好主意！——不过丈夫还是有必要有的，否则，请问，谁来统治女人？——只是罗马没有机会得到凯撒的统治了。

福斯蒂娜：谁跟你说的？罗马开始有了这样的古怪念头，把主要责任都推给女人。一个女人，好像没有了丈夫就活不长久，好像非得有丈夫似的。其实，有没有丈夫，女人还是女人。当然，必须承认，男人很看重自己的主权，他们在婚姻中要行使主权，这已经够过分了，还要在爱情中行使主权。他们要求妻子忠实，其实就是想要一个奴婢。丈夫和妻子应该有同样的统治权，但这架天平总是倾斜，通常是向丈夫那边倾斜。

布鲁图斯：你这样说，表明你是一个臭名昭著的叛逆者，背叛了所有的男性。

福斯蒂娜：我是罗马人，我生来具有罗马人的自由精神。

布鲁图斯：照这样说，我敢向你保证，全世界到处都是罗马人。但是，难道你不乐意承认，我这样的罗马人更加稀缺？

福斯蒂娜：要是像你说的那样就好了。我相信，没有一个正直的人会做你那样的事情，刺杀你的恩主。

布鲁图斯：我也不相信，任何正直的女人会仿效你的行为。至于我之所为，你不能否认，其中有着坚定的决心。它需要极大的勇气，经得起凯撒对我友谊的考验。

福斯蒂娜：你认为，要经得起善良耐心的奥勒留的考验，需要的勇气就少吗？他看着我的不忠行为，不动声色。他要是吃醋，我会不胜荣幸；他要是震惊，我会有欺骗的快感。可是，他什么都没有表示，我很失望，很愤怒。有时，我几乎下定决心做一个正直的女人，但总是马上打消念头，我决不退缩，绝不心软。即便在我死后，奥勒留也没有羞辱我，还为我建造神庙，供奉祭祀，设立纪念节日。可这难道不是令我恼火的行为？用神化的方式来迫害对我的记忆，把我塑造成一个女神！

布鲁图斯：好，我承认，我不懂女人！谁听说过这么疯狂的抱怨？

福斯蒂娜：为什么？——与其背叛凯撒，难道你不是宁愿背叛苏拉（Sylla）？残酷至极的苏拉，才会激起你无边的义愤和仇恨。同样，要是我欺骗一个嫉妒的男人，比如我们提到的凯撒，我会更加开心。他有着无尽的虚荣，除非整个世界都是他的帝国，除非他的妻子专属他一人，否则他不会满足。他看见自己妻子庞培娅（Pompey）和克洛迪乌斯（Clodius）有染，所以对他们绝不放过。我要是和凯撒在一起会是多么幸福！

布鲁图斯：此刻，你是不是主张灭了天下所有的丈夫，你是不是主张选择最坏的人做丈夫。

福斯蒂娜：我宁愿不要任何丈夫；没有丈夫，女人可能永远自由。倘若必须有丈夫，那么，依我看，越坏的人做丈夫越好，因为我们会有重新获得自由的乐趣。

布鲁图斯：我认为，你这样性情的女人，最需要有丈夫。自由的精神，越是夹杂着怨恨，越是强烈。

二 古人亡灵和今人亡灵的对话

1 奥古斯都和彼得·阿雷丁

奥古斯都（公元前63—公元14），罗马帝国的第一位元首，元首政制的创始人，统治罗马长达40年。

阿雷丁，讽刺作家，生平未详。

阿雷丁（Peter Aretin）：告诉你吧，是的，我是我所在时代的才子，从各国君主手中挣得了大笔财富。

奥古斯都（Augustus）：你写了许多歌功颂德的作品？

阿雷丁：没有写一个字。我是从欧洲各国君主手中领取年金。要是我浪费时间写歌功颂德的作品，是得不到这些年金的。他们都在交战，结果就是，一方打来，另一方就是挨打，我怎么能同时赞颂他们呢？

奥古斯都：那你是怎么做的？

阿雷丁：讽刺他们。不能把他们全都放进一篇颂词，却还是可以把他们全都一起讽刺。总之，我的恐怖名声传遍域外，他们也都乖乖给我打赏，购买可以干了傻事不露馅儿的特权。你在此下界肯定听说过皇帝查理五世，他到处折腾，直到在非洲海岸吃了大败仗。他立刻派人给我送了一条豪华的金链。我收下金链，依然一脸阴沉，我说："他干了那样一件大蠢事，何必还操心此地的琐事！"

奥古斯都：这倒是你发明的一种全新方式，从各国君主那里捞钱。

阿雷丁：难道我就没有充足理由，靠别人的愚行发大财？我告诉你吧，我这财源，无穷无尽。

奥古斯都：但不管你怎么说，歌功颂德才是最可靠的生财之道，因此也是最好的生财之道。

阿雷丁：你什么意思？——莫非我不够审慎？

奥古斯都：难道你认为嘲讽头戴王冠的君王很审慎？

阿雷丁：蒙受恩宠，那是另一回事。在嘲讽这方面，你没必要总是鄙视你作文反对的人，你只需鞭挞他；但是，要提供无价值的夸奖，我认为一个人难免瞧不起被夸之人，心底里认为对方不过是些泡沫。我想知道维吉尔是怎样的表情，告诉你这是一件正在讨论的事，你在诸神中应该占据什么位置，问你是否乐意掌管大地，还是乐意成为一个海神，娶特蒂斯的女儿，她为了纪念你的加盟，宁愿把掌管的水域，作为女儿的嫁礼送给你？问你是否愿意在天蝎座旁安营扎寨，因为天蝎座有两处宫殿，既然你已上天，天蝎会收起爪子为你让位？

奥古斯都：你大可不必猜测维吉尔的表情。人们不习惯那么严格地审视赞美。他们会帮忙完成送信的任务，收信人的自爱，足以保证谦卑的写信人平安无事。让人觉得他们配得上没有对他们说出口的赞美，这本是寻常之事，既然如此，难道他们还不相信，他们配得上白纸黑字写给他们的赞美？

阿雷丁：什么！你会认为维吉尔写的那些话都是真心赞美？难道他希望你娶一个海神，或者希望你上天占据一个星座？

奥古斯都：我还不至于傻到那个地步。这样的赞美，我们会打点折，缩减到合理的范围。但必须承认，折扣很少，我们总得尽量小心，做一个好交易。总之，无论别人怎么大夸特夸，我们总会有些好处，认为自己高于一般的赞美，正是我们的美德，迫使赞美我们的人逾越了限度。天啦！虚荣总有千般托词。

阿雷丁：我相信，一个人不需要费吹灰之力，就能把赞美推向极致。但是，对于那些相互矛盾的赞美，我真的好奇，一个人怎么有那么大的胆子，奉送给君主。我现在打个赌，如果你决定无情地报复你的敌人，你身边会响彻欢呼之声，世上最光荣的事，莫过于以雷霆万钧之势把胆敢反对你的人炸得灰飞烟灭。过了一阵子，你一改王霸之策，采取怀柔为上，你身边人的调子就变了。要是再过了一阵子，你的怀柔改回了报复，你身边人的调子必将再变。这是野兽的胃口，它承载的光荣，是野蛮的光荣，非人的光荣！因此，你身边人会赞扬你生活中的一部分，而以其他部分为代价。现在，我感到很恐惧，怕你把矛头转向我，抓住我说的话不放，说"你现在随意选，我到底是枭雄还是仁君；记住选定之后，就别再变"。

奥古斯都：为什么你要如此死板地审视一句赞美之言呢？大人物的一言一行，太容易引起阿谀奉承；他们无论做什么，都不会缺乏赞美；如果他们得到的赞美有矛盾，那是因为他们不止一种美德。

阿雷丁：就算你说得对，可你难道从来没有对所有那些疯狂加诸你的赞美保持警惕？难道你不需要一些淘洗和挑拣，看穿它们只是你品质的一些装饰？赞美并不能让君王显得更卓越：他们也不能因此成为最大的英雄。后人是公平的，他们会甄别献给不同君主的赞美，认为献给某位君主的赞美是合情合理的，献给某位君主的赞美是卑鄙的奉承。

奥古斯都：你至少得承认，我配得上我获得的赞美，因为可以肯定，后人的判断已经证实。不过，我也不赞成这一点，人们习惯把我看成君王的楷模，在赞美其他君王的时候，总是拿他们和我比较，这种比较往往让我苦恼。

阿雷丁：你尽可放心，你苦恼的日子不会太长了。如果所有来到此地的亡灵，跟我们说的关于路易十四的事情都是真话，那么，以后将要视为君王楷模的人，就是这位正在当政的法国国王；我可以预见，将来的君王，能够得到的最高赞美，就是能与强大的路易十四相提并论。

奥古斯都：很好！你是不是认为，那些引起极度赞美之人，也乐意让人听闻？

阿雷丁：这很有可能。每个人都垂涎赞美，宁愿罔顾真理和正义，罔顾理性和条件会限制它的一切。

奥古斯都：那你显然赞成废除各种各样的赞美。假如只容许公正的赞美存在，你认为会给予谁？

阿雷丁：给予那些出于真心，而非虚情假意赞美的人；他们才是唯一配得上公正的赞美的人。你知道维吉尔献给卡图的那一篇令人赞叹的颂词，是什么赋予它价值吗？他让卡图统帅一群虔诚的心灵，单独生活在极乐世界，赋予那一篇颂词价值的是这样一句话，"卡图死了，维吉尔无求于他，无求于他的家人"。可是你知道吗，到底是什么破坏了他在《农事诗》开头对你的一番赞美？是你给他的年俸。

奥古斯都：你的意思是，我花了大价钱，才买来的赞美！

阿雷丁：我这样说，挺抱歉。你本应该像你的一位继任者那样做，他一登大位，就下了一道政令，禁止所有人写关于他的诗文。

奥古斯都：天啦！他比我聪明；我现在才明白，那些人献给我们的赞美，绝不是出于真心，不过是我们敲诈得来的财物。

2 萨福和劳拉

萨福，古希腊女诗人，生于公元前七世纪中叶，诗歌以情爱为主题。

劳拉（1308—1348），生于法国普罗旺斯，以美色著称，彼得拉克（Petrarch，1304—1374）爱情诗讴歌的对象，后死于瘟疫。

劳拉（Laura）：诚然，我们投入的爱情，都有缪斯的照拂，所以都很惬意；但看起来还是有一点不同，你是为情人写诗，我呢，是情人给我写诗。

萨福（Sappho）：你说得很对！你还应该跟我说，我是一个热烈追求爱情的人，你是一个被爱情热烈追求的人。

劳拉：这也许不值得惊讶。我知道，女人往往比男人温柔。不过，我惊讶的是这一点：你毫不顾忌地说出你的心思，公开地向你喜欢的人示爱！总之，你用诗歌公开进攻男人的领地，要知道，女人的职责是防守。

萨福：老实告诉你吧，我对这种恶俗深恶痛绝。男人总是虐待我们女人，让我们承担最艰巨的重任；谁不知道进攻比防守容易。

劳拉：且莫抱怨，我们的位置也有好处。你知道，防守的人，可以随意带着城池投降，但进攻的人，不可能随意把城池带走。

萨福：反之，你也许会说，男人攻打我们女人，是因为他们天生就想攻打我们。可是，你知道，我们去做防守，并不是因为我们很想防守。

劳拉：什么？看到男人那么多甜言蜜语，源源不断，花样翻新，说多么看重征服你的心，难道你一点儿不高兴？

萨福：要防守甜言蜜语的进攻，难道你一点儿不痛苦？男人愉悦地看着自己步步紧逼，直到取得最后的胜利。但我们女人的防守呢，除非是故意投诚，否则，如果成功了，我想，心也随之碎了。

劳拉：话说回来，男人纠缠不休，的确让女人讨厌，但最终他们还是有权做征服者。你必须公道承认这一点。要是你实在坚守不住，他们也有义务照顾你。

萨福：可是对不起，不管你怎么说，男人那边赢了，总还是女人这边输了。他们尝到爱情的快乐，是他们战胜了爱他们的女人；一个男人在爱情中觉得幸福，只是因为他是征服者。

劳拉：什么？那你就立了一条法则，女人应该进攻男人？

萨福：你何必为攻防的事情喋喋不休！别人还以为你天生就在围城之中。男人和女人为什么不能半道相逢，面对面地爱一场？

劳拉：半道相逢的事情总是来得快去得快，爱是一桩愉快的交易，我们应该尽可能地延长时间。要是一方问："我爱你，你爱我吗？"另一方脱口而答："是的，我爱你，谢谢！"这样的爱简直是一个笑话。要是这样，何必费尽心机讨好追求？何必为没有取悦对方而悔恨不安？何必燃起激情追求幸福时刻？一句话，何必浪费甜言蜜语、魂牵梦绕、苦乐悲欢？要是没有了这一切，世上最无聊的事情，莫过于这种一览无余的爱。

萨福：你说的对！如果爱必须是一场战斗，我还是宁愿男人来防守。你不是承认，我们女人天生更加温柔？那么可以得出结论，她们的攻击也更温柔。

劳拉：不错；可对方的防守也会更稳固。只要承认某一方必须做一些防守，这就意味着，进攻的一方尝到的胜利滋味，远大于防守的一方。我们女人，不要那样脆弱，男人看一眼，马上就投诚，我们也不要看上去那样坚强，临死不屈的样子。这才是我们女人正确的品性，不能完全听任男人摆布；相信我的话，无论是在爱情上，还是在别的事务中，只要我们保持理性，用心琢磨，我们算总账时就会发现，事情比看上去的样子要好得多，要是我们主动出手加以修补，反而容易坏事，满盘皆输。

3 苏格拉底和蒙田

苏格拉底（公元前469—前399），古希腊哲人。
蒙田（1533—1592），法国作家。

蒙田（Montaigne）：天啦，真的是你，神圣的苏格拉底！见到你真高兴！我是新来的亡灵，一到这里，就忙着到处找你。长话短说，生前，我在作品里写满了你的名字和对你的赞语，现在，我很高兴，终于有机会当面跟你说话，想问你，你是怎么做的，天生就有美德，一举一动都那么自然，在你之前，甚至在你生活的那个幸福时代，你又没有学习的榜样。

苏格拉底（Socrates）：我很高兴见到你这样一个亡灵，你好像是一个哲人。我在下界孤独生活已久，很久没有见到一个亡灵，我告诉你吧，根本没有人急着找我交谈。你既然刚从人间下来，那请容许我问你一些人间的消息。世上现在怎么样了？变化大吗？

蒙田：变化很大，超乎你的想象。

苏格拉底：你快给我说说。我一向认为，这个世界肯定变得比我那时更美好、更智慧。

蒙田：你什么意思？跟你说吧，比你那时还要愚昧十倍、堕落十倍；这才是我说的变化；我其实是想听听你看到的那个时代的历史,那时,还是诚实正直当道。

苏格拉底:哎,我也本来是想听听你刚过完这一生的时代的奇迹。什么!今人还没有摆脱古人的愚昧?

蒙田:正因为你是古人,所以我才大胆找你求教。我告诉你吧,今人的言行非常可悲,世风日下。

苏格拉底:怎么可能?我认为在我的时代,一切都够变态了,我还充满希望,一切都会回到理性的轨道,人会汲取历史的经验和教训。

蒙田:天啦!他们怎会汲取经验和教训?如同一群傻鸟,他们自找苦吃,总是陷入同样的罗网,这张罗网已经捕捉到他们成千上万的同类。在生命的舞台上,他们出场之时,都是一无所知的生手;父辈愚昧,子女全都懵懂无知,他们根本没有从中获得启迪。

苏格拉底:这是什么原因?我本以为,这个世界也像人一样,渐入老境,肯定会比年少时更有智慧、更守规矩。

蒙田:人啊,无论到了什么年纪,性情根本不改,理性对之没有丝毫约束。所以,只要有人,哪怕走到世界的尽头,还是遍地愚昧,同样的愚昧。

苏格拉底:既然如此,为什么你厚古薄今?

蒙田:啊!苏格拉底!我知道你特别精通推理的艺术,能够聪明地困住那些与你争论的人,提出一些对手没有预见其后果的观点,引导他们走向你想要的地方。这种做法,不妨称之为思想的助产术。的确,我发现现在提出的一个观点,与我先前的观点相矛盾,但我也不能放弃矛盾。可以肯定,我们现在找不到古人那种强健的灵魂:比如,阿里斯提德斯(Aristides)、福基翁(Phocion)、伯里克勒斯(Pericles),当然,最有代表性的就是你苏格拉底。

苏格拉底：是什么原因，障碍在哪里？莫非是自然耗尽了元气，再也产生不了那样伟大的灵魂，若是，为什么别的方面没有耗尽，偏偏耗尽了人之理性？自然其他的作品无一堕落，为何偏偏只有人堕落？

蒙田：人堕落，这是个事实。在我看来，自然似乎有时会给世人出示一些伟人，表明只要她乐意，她也是可以造就世人的典范的，至于其他人，她也就漫不经心马马虎虎地应付而成。

苏格拉底：你切莫上当；古人在你眼里那样特殊，是因为时空的间距，放大了古人的美好；要是你认识阿里斯提德斯、福基翁、伯里克勒斯和我——因为你乐意让我充数——你肯定能找到自己时代的一些人可以与我们匹敌。一般说来，厚古薄今之人，是因为气质与所在时代不合，古人在他们心目中占了上风，迎合了他们的脾性，所以他们鄙薄时人，渴求与古人为伍。我们活在世上时，我们对古人的敬重，超过他们应得的份额；作为补偿，我们的后人今日对我们的敬重，同样超过我们应得的份额。其实，我们的古人、我们和我们的后人，全都在同一层面上。我相信，一个人只要平心而视，都会认为这个世界的前景会非常单调乏味，因为它总是一成不变。

蒙田：我倒是认为，这个世界总是在运动之中，万物变动不居，时代也如人一样，有着不同的性格。难道我们没有看到，有些时代博学，有些时代无知，有些时代野蛮，有些时代文明，有些时代严肃，有些时代幻想，有些时代聪明，有些时代愚蠢？

苏格拉底：是的。

蒙田：因此，是不是可以推断，有些时代美好，有些时代邪恶？

苏格拉底：推断不出来。人的习惯会改变，人的高矮胖瘦、文雅或野蛮、博学或无知、朴实或奢华、严谨或怪诞、聪明或愚笨多少也可改变。所有这些不过是人的外在，仅是外衣而已，的确可以改变。但人之内心，也就是人之本体，根本不会变。人们在一个时代无知，可能在下一个时代却以学问为时尚。人有趋利之心，很难要求所有人都客观公正。百年之间，诞生的有失理性之人无数，自然造就的足够理性之人，不过区区三四十人。这些有理性的人，如同审慎的官员，自然委之以重任，分派到各地；你自己去判断，能否在任何地方，找到足够多理性之人，引领美德和正直成为时尚。

蒙田：难道有理性的人是平均分配的吗？很可能，有些时代占的份额更多。

苏格拉底：毫无疑问，自然总是严格按照规律办事，只是我们没有能力认识她的规律。

4 哈德良皇帝和奥地利的玛格丽特

哈德良皇帝（76—138），罗马帝国第三位皇帝，117年—138年在位，在位期间，停止东方战争，与帕提亚国王缔结和约，改革官僚制度和法律，是一位博学多才的皇帝。

奥地利的玛格丽特（1480—1530），神圣罗马帝国皇帝马克西米利安一世（Maximilian Ⅰ，1459-1519）之女，1483年与法国王太子查理（后来的查理八世）订婚。查理八世与其解除婚姻后，玛格丽特先后嫁给阿斯图里亚斯亲王胡安和萨伏依公爵菲利贝托二世，先后成为阿斯图里亚斯亲王妃和萨伏依公爵夫人。曾任1507年至1515年和1519年至1530年期间的哈布斯堡尼德兰摄政王，巩固哈布斯堡王朝在尼德兰的统治。玛格丽特在执政的10年间，扩张了哈布斯堡王朝在尼德兰东北部的领地，包括逐步征服弗里斯兰（1515—1524），兼并乌得勒支主教的领地（1528），同格尔德兰公爵埃赫蒙德的查理作战。

玛格丽特（Margaret of Austria）：请问，怎么啦？我看见你这么激动。

哈德良（Hadrian the emperor）：我刚才与乌提卡的卡图（Cato of Utica）激辩一场，讨论我们的死法；我说，从我的谢幕来看，我比他更像一个哲人。

玛格丽特：啊！相信我的话，你得有多少自信，才敢去挑战卡图那样著名的死法。还有什么更光彩的事，比得上凭借智慧，把乌提卡的一切安排得井井有条，确保友人都平平安安，然后才自杀身亡呢？这样他可以与自由的罗马共和国一道玉碎，也不愿落入独夫之手，要知道，如果他苟活下来，肯定是会得到赦免的。

哈德良：如果你严格审视，你会发现，有足够的理由反对他的死法。首先，他为此做了长期的准备，明显下了苦功，乌提卡的人都知道，卡图将要自杀；其次，他在大胆出手之前，硬着头皮读了好几遍柏拉图笔下关于灵魂不朽的那篇对话；最后，他死得很不开心，他躺在床上，却找不到藏在枕下的剑——因为怀疑他要用剑自杀，所以他的朋友偷偷把剑拿走了——他叫一个奴仆把剑拿来，见那奴仆稍有迟疑，他就一拳打了过去，打掉了那个可怜家伙的牙齿，结果自己的手也沾满了鲜血。

玛格丽特：我必须承认，这一拳很遗憾，破坏了哲人的死法。

哈德良：你想象不到，关于他的剑被拿走一事，他闹出了多大阵仗。他责骂儿子和家仆，说他们想捆绑他的手脚送给凯撒。见他闹得太过分了，他们只好离开他的卧室，任其自杀。

玛格丽特：的确没有必要闹出那么大阵仗。他完全可以保持耐心，等到第二天，高兴的时候再自杀。一个人要是决定了不想再待在世上，退场是再简单不过的事情。不过也有可能，他既然打定了主意，也就要严格执行，所以在那一刻非得自杀。要是他推迟一天，或许会改了念头，再也下不了手。

哈德良：你说的对，我想，你才知道什么叫慷慨赴死。

玛格丽特：可是，他们告诉我们，在送回了剑，大家退出之后，卡图立刻沉沉入睡，还打出了鼾声。这一幕的确看起来很安详甜美。

哈德良：你也相信？他又哭又闹，像个疯子一样打仆人，拼命折腾一番后，岂可睡得安详？更何况，他打人的那只手还在痛，痛得睡不着，尽管已在自杀关头，他还是找了医生来包扎伤口。总之，大家把剑送回给他的那一刻，直到深夜，这期间他读了两遍柏拉图的那篇对话。我可以证明，大家把剑送回给他的那一刻，夜已深了，因为他晚上招待完所有的朋友，还散了一次步，再胡闹了一阵，大家才独自把他留在卧室里。此外，他读的那篇对话是很长的，因此，即便他睡着了，也只是一小会儿。其实，我一直怀疑，他是睁着眼睛故意打鼾，给在门口偷听的人留一个他视死如归的美好印象。

玛格丽特：我认为你对卡图死法的批评不无道理，但是仍然要承认，其中不无勇敢的成分。既然如此，你有什么理由，宣称你的死法胜过他？就我所知，你以一种很平常的方式死在床上，一点儿不奇特。

哈德良：不奇特！——请问，我临终前做的那首诗还不奇特？

> 温柔跳动的心肝宝贝小可人，
> 你知道赤身裸体、神色苍白、
> 战战兢兢地要去什么地方吗？
> 你在那里不再有欢笑和歌声。

卡图在对待死亡上太严肃；你看，我还在取笑死亡。正是在这一点，我认为我的哲学要远胜于卡图。漫不经心地嘲笑死亡，比一脸正经地恐吓死亡，要难一倍。我们没有做任何准备，死亡不请自来，我们却能笑脸相迎，比起做好准备、笑脸相迎死亡前来相助，要难一倍。

玛格丽特：我承认你的死法比卡图的死法更优雅。可是挺抱歉，我看不出你这首诗歌美在哪里。

哈德良：哎，现在人们的审美真是变了！卡图宁愿把肠子扯出来，也不愿落入敌手，说到底，这也许不是多大个事儿。可在历史书上，这一段看上去却光芒万丈，每一个人都被深深打动。而我呢，如此轻松就退场，临终前还有心情写诗调侃死亡，比卡图的死法真实多了，就因为没有那么光芒万丈，在历史书上也就不值一提。

玛格丽特：你说得再真实不过，我有体验。就借此刻与你谈话之机，我想标榜一下，不管你的死法多么悄然无声，我的死法比你更好。我不敢说我的死法是最好的死法，但它肯定好过你的死法，更好过卡图的死法。

哈德良：真的？——从何道来？

玛格丽特：我是一个公主，父王将我许配给了一个王子，还没来得及成亲，那个国王就驾崩，王子就恭送我先回家，庄严承诺要来娶我。谁知他却食言。父王又将我许配给另一个王子。我是乘船去见未婚夫婿，海上突遇风暴，我的生命危在旦夕，暴风雨中，我为自己撰写了两行墓志铭：

> 长眠此地的玛格丽特公主，
> 两度许婚，死时依然处子。

老实跟你说吧，我没有葬身海底，但那不是我的错。你只要想象一下这样的死法，你就会承认，卡图的死法不合常规，你的死法也不合常规，只有我的死法才纯粹自然。面对死亡，卡图太浪漫，你太滑稽，只有我合情合理。

哈德良：什么！我不怕死，你还指责我？

玛格丽特：是的；一个男人毫不在意自己的死亡，这是不可能的。我会以灵魂为赌注，正如卡图剖腹自杀，你也一样拼命想搞笑。而我呢，随时都可抛下性命，没有任何恐惧，我是在完全平静的状态中写下墓志铭的。这是非常特殊的；假如脱离了环境的限定，完全有理由把我的故事当成寓言，或者认为纯粹是我的炫耀。但是请考虑一下，那时我多可怜，一个年轻貌美的公主，两度许婚，眼看就要死了，还没尝到云雨之欢：在墓志铭中，我表达了对自己厄运的关切，给我的故事增添了人们要求的真实气息。现在看看你临终前写的诗歌，要是你真把它当诗歌，你会发现没有意义；它们只是一串愚蠢的文字发出的叮当声。我的诗歌明白如话，一见即喜，言说自然，不像你的那样造作。

哈德良：说真的，我从来没有想过，你对于抱着处子之身而香消玉殒，那般忧伤，在你眼里居然是一件很得意的事。

玛格丽特：你看——你当然可以随心所欲地嘲笑；不过话说回来，我的死法，如果可以那样称的话，比起卡图的死法和你的死法，还有另一种根本的优势。你们两人让哲学卷入生活太深，所以为了光荣，必须不怕死亡；要是允许你们怕死，我不知道你们会如何自处。而我呢，只要风暴不停，我就有女人的权利，浑身颤抖，拼命尖叫，直到叫声抵达天堂，没有人会为此指责我，或者对我少些敬重。但是，正如我告诉过你，在那一刻，我冷静地写下了我的墓志铭。

哈德良：你就悄悄告诉我一下，反正天知地知，你知我知，你的墓志铭是不是在岸上写的？

玛格丽特：呸！——你太不厚道！——我说过你的诗歌是作伪吗？

哈德良：好吧，我且当真。我放弃以下观点：天地之间，美德为大。

5　厄腊西斯特拉图斯和哈维

厄腊西斯特拉图斯，古希腊医学家，公元前三世纪下半叶在亚历山大里亚从事医学研究，以研究循环系统和神经系统而著名，已能区别感觉神经和运动神经，但主张神经是充满液体的空心管，认为空气进入肺和心脏，并由动脉带到全身，而静脉则将血液从心脏输往全身各部，被认为是西方生理学的创始人，他反对体液说，认为多血症是致病原因。

哈维（1578—1658），英国医学家，提出了血液循环理论。

厄腊西斯特拉图斯（Erasistratus）：嗨！你在这里跟我说过一些很奇怪的事。比如，血液如何循环。莫非静脉真的把血液从身体的各个部位输送到心脏，然后心脏又将血液注入动脉，传回到身体的各个部位？

哈维（Harvey）：我做过许多实验证明，再也没有人质疑。

厄腊西斯特拉图斯：如此说来，看起来我们这些古代医生都大错特错了，我们以为，血液是慢慢地从心脏流到身体的各个部位。你纠正了古人这个错误，世人肯定会感激你。

哈维：我认为我有权这样认为，并且这种感激还不够，因为正是我，运用这种方法，为今天解剖学中各种奇怪的发现开辟了道路。自从我发现了血液循环，那些发明新气管、开新导管、新储液囊的人，不过都在效仿我：看起来整个人类都重新得到铸造。你看，我们今人的医术比你们古人高明得多！你们虽然致力于医治人体，却对人体一无所知。

厄腊西斯特拉图斯：我承认，在博物学方面，今人比我们古人懂得多；但在医术方面，却不见得比我们古人好。我们和你们一样都可以治好病。我希望诸君，尤其是你能够明白这一点。举个例吧，我治好了安提俄库斯（Antiochus）的三日疟。我想你知道我用的什么办法。只要他的岳母斯特拉托尼丝（Stratonice）在场，他的脉搏就跳得快，由此我发现他是绝望地爱上那个美丽的王后，他的疾病其实就是强力压制他的感情所致。但是，由于我不懂血液循环的知识，我费了很大劲去治疗：我敢发誓，即使你有血液循环的知识相助，要是处在我那时的位置，也会大惑不解，不知如何下手。新气管或新储液囊根本用不上：病人身上最需要理解的是其心。

哈维：可是，依我之见，心并不总是需要考虑的东西，也不是所有病人都像安提俄库斯一样爱上岳母。毫无疑问，你不懂血液循环，医死了许多人。

厄腊西斯特拉图斯：你是认为你们今人的发现很有用？

哈维：当然。

厄腊西斯特拉图斯：那么，如果你乐意，请回答我这个小小的问题：为什么每天还是看见许多人像一群群鸟兽一样死亡？

哈维：那是他们的问题，不是医生的问题。

厄腊西斯特拉图斯：也就是说，你的血液循环知识、气管、导管和储液囊，所有这些好东西什么都治不了？

哈维：也许是因为世人还没有抽出时间把这些新发明的东西用于特殊用途。无论如何，它们会很快产生巨大效应。

厄腊西斯特拉图斯：相信我的话，没有那样的革命。有用的知识有一定的限度，人类早就已经获得，此后有增加，但已经很少，超越了这个限度，即便人类能够推进，也是有限。这就是人类对自然的感激，感激自然非常轻易地提供人类他们最关心和想知道的东西：事实上，要是自然将有用知识的发现交给人类理性慢慢研究，那么，人类必然会遭受很大的痛苦。只有其他并非那样必要的东西，自然才允许它们在时间的长河中一点点地自我显现。

哈维：这就挺奇怪，要是对人类理解更多，却无助于更好地治愈人类；若是，谁会自找麻烦，完善解剖学？任其自然岂不更好。

厄腊西斯特拉图斯：不，那会等于失去了许多愉悦的猜测。我认为，若非任何有用的东西，找出人体中的一根新导管与发现天空中的一颗新星，没有两样。自然已经命令，在指定的季节，人应该用死亡的方式完成新陈代谢；自然给了人类公平的游戏、享乐和受难，寻找一个空间，尽量捍卫自身。但是，除此之外，自然虽会让人类任其喜好，去做解剖发现，或完全透视人体的组织（这是徒劳的），可她不会困惑；人类必须服从自然的法则，活过正常的配额之后死去。

6　贝蕾妮克和科斯莫二世·德·美第奇

贝蕾妮克，埃及王后，卒于公元前221年。她的父亲是昔兰尼国王马格斯，她与堂兄托勒密三世的结合，造成了昔兰尼和埃及的合并。托勒密三世出征叙利亚期间，她剪下一绺秀发，供奉给维纳斯，祈祷夫君平安凯旋。她的秀发供奉在神庙不久，就突然消失。来自萨摩斯的一个天文学家宣称诸神已将这绺秀发带到天上，化为星座。

科斯莫二世·德·美第奇（1590—1621）是费迪南多一世·德·美第奇和克里斯蒂娜·德·洛林的长子，1609至1621年间统治托斯卡纳，曾资助伽利略。

科斯莫二世（Cosmo II of Medicis）：有个刚到这里的博学之士，给我讲了一件事，令我很痛苦。你肯定知道，我的数学家伽利略发现了一些围绕木星运转的卫星，为了纪念我，他就命名为"美第奇之星"。现在，我得知它们不再叫这个名字，只是简单地称为"木卫"。唉！世风日下，嫉妒我的光荣。

贝蕾妮克（Berenice）：肯定是这样，我没有领教过这样的恶毒。

科斯莫二世：哎哟！你当然可以无关痛痒地如此说，因为你比我幸运得多。你发誓，要是你的夫君托勒密胜利归来（我都不知道他打的什么仗），你就削发献祭，后来你的丈夫真的打败敌人凯旋。但在你把自己秀发供奉在维纳斯的神庙的第二天，一个数学家高兴之下，变了个戏法，让你的秀发凭空消失，上了天。他说，你的秀发变成了一个星座，名叫"贝蕾妮克之发"。把一些星星误认为一个女人的头发，这与用一个君王的名字来命名新发现的星球，岂可相提并论。可你的"贝蕾妮克之发"还闪耀于星河，我那可怜的"美第奇之星"却没有这样的好运。

贝蕾妮克：要是能把我秀发命名的星球让渡给你，你可随意处置，只要你能得到慰藉。同时，我向你保证，我会很大度，绝不装腔作势，要你因此而感恩。

科斯莫二世：我认为这是一件很大的礼物。我真心希望，我的名字能如你一样永垂不朽。

贝蕾妮克：天啦！如果所有的星座都以我的名字来命名，难道我就更好吗？尽管我的名字永远高悬在天上，但我这个人还是永远在地下。人总是喜欢异想天开，他们又不能偷偷逃脱死亡，就只好从死亡那里偷些只言片语。他们以为用这个漂亮的花招儿就可欺骗过她！要是他们优雅地做好面对死亡的准备，默默地向她吐露自己的名字和心声，岂不更好？

科斯莫二世：我不同意你的说法。人都不想死，尽管终将死，凡人还是想抓住生命，建大理石雕像、立纪念碑、刻石勒铭。他们像溺水之人一样拼命抓住这些东西。

贝蕾妮克：这就是不幸所在！这些东西，即便能让我们免于死亡之手一时，也终将以其自身的方式朽腐消亡。既然如此，你的不朽系于何物？一座城池、一个行省还是一个帝国，都不能保证你的不朽。

科斯莫二世：如此说来，这是一个好主意，用人的名字来为永恒的星球命名。

贝蕾妮克：可是，就我所闻，似乎星球也并不可靠，因为新的星球会出现，旧的星球会消亡，从长远来看，天上也不会留下我一根秀发；至少，我们的名字难以避免文法意义上的死亡，如果可以那样说的话；只要一两个字母变位，我的名字就不再起作用，只会在批评家那里引起混战。我曾经看到两个亡灵在激烈争论，我上去问他们叫什么名字。一个告诉我他是君士坦丁大帝，另一个说自己是一个蛮族的国王。他们争论的是谁过去更辉煌。君士坦丁大帝说自己是君士坦丁堡的帝王，那个蛮族的国王说自己是伊斯坦布尔的君主。君士坦丁大帝夸耀君士坦丁堡横跨三海，那个蛮族的国王也宣称伊斯坦布尔横跨三海。君士坦丁大帝很吃惊，天下居然有这么相似的两个地方。等他问清了伊斯坦布尔的位置，他更加惊奇地发现，原来就是君士坦丁堡，这时他才恍然大悟，君士坦丁堡已经改名叫伊斯坦布尔。"天啦！"他惊叹道：

> 早知道君士坦丁堡有终结的一天，我何必当初把拜占庭的名字改掉？谁能在伊斯坦布尔这个名字中找到君士坦丁堡的影子啊？

科斯莫二世：说真的，这给了我一些安慰，我开始没有那么急着要声名不朽了。毕竟，既然我们终将一死，那么，我们的名声也会很快朽腐，这是合情合理的，因为我们的名声本质上也并不比我们肉身坚固。

7 塞涅卡和马洛

塞涅卡（约公元前4—65），古罗马政治家、廊下派哲学家、悲剧作家、雄辩家。公元65年，因其侄子——诗人卢坎谋刺尼禄事件，多疑的尼禄逼迫塞涅卡承认参与，赐以自尽。著有《道德书简》和《自然问题》等作品。

克莱芒·马洛（1496—1544），法国诗人。1539—1543年期间，在约翰·加尔文的指导下，将《圣经》中的赞美诗译成法文。写下法国第一首十四行诗，是十六世纪法国第一个有突出成就的诗人，开创了十六世纪法国诗歌的先河，标志着中世纪向文艺复兴时期的过渡。

塞涅卡（Seneca）：我很高兴地听说，廊下派正蔚然成风，你是这个学派的大家。

马洛（Marot）：毫不吹嘘地说，我比你，比克瑞希庇斯（Chrisippus），甚至比这个学派的创始人芝诺（Zeno），更像是斯多葛哲人。你们每个人都可以舒舒服服地从事哲学研究，尤其是你，生活十分富足。至于克瑞希庇斯和芝诺，他们既没有遭受过流放，也没有下狱。可我呢，贫穷、流放、入狱，什么没有经历过？不过，我倒是明白了，所有这些厄运只触及肌体，不能波及一个智者的心灵。忧伤想尽办法攻击我，结果还是丢盔弃甲，狼狈逃窜。

塞涅卡：我很高兴听到你这一番豪言壮语。仅凭你所言，我就知道你是一个很伟大的斯多葛哲人。请问，你是不是受到世人的景仰？

马洛：没错。但我不满足于默默地忍受不幸，我还要起而反抗，跟你说吧，我还嬉笑怒骂，羞辱世人。默默隐忍，坚贞不屈，固然会给一个斯多葛哲人带来足够的荣光，但我不满足，我还要追求快乐。

塞涅卡：智慧的斯多葛哲人！你不是人们谬传的怪物。你真是人中奇才，一个和朱庇特（Jupiter）一样快乐的智者。走，我向你引荐芝诺和我们学派其他先贤。他们一定会感动，看到他们赐予这个世界的伟大思想结出了硕果。

马洛：感激不尽，让我得见这些声名显赫的亡灵。

塞涅卡：我如何介绍你的名字？

马洛：克莱芒·马洛。

塞涅卡：马洛？——我肯定听说过这个名字。我在这里听说许多今日的君主都在谈论你？

马洛：很可能。

塞涅卡：你写了一些开玩笑的小诗取悦他们？

马洛：是的。

塞涅卡：那你根本不算哲人。

马洛：为什么不算？

塞涅卡：怎么能算！写一些开玩笑的诗歌，只想取悦他人，这绝非一个斯多葛哲人的职责。

马洛：我看你对玩笑完全不了解。我告诉你吧，所有的智慧都隐藏于玩笑。万事皆有可笑，我可以轻轻松松地从你的作品中挑出可笑之处。但并非一切都能够产生严肃。我打赌，你在我的作品中找不到半点儿严肃。这难道不表明，荒诞统治了一切，万事并不用严肃对待？自从我来到这里，我就得知，不朽的维吉尔已经将神圣的埃涅阿斯写进了滑稽的诗歌。我对这个消息很感兴趣；再不可能有更幸运的方式表明，庄严和荒诞居然是朝夕相处的近邻。说实话，一切都像那些雕像，你在这里或那里看见他们的碎片，从一个角度看，他们好似帝王，换一个角度，他们好似乞丐。

塞涅卡：我很抱歉地说，你精心创造、想引人深思的讽刺诗义，世人并不埋解。要是他们知道你是一个伟大的哲人，你会更加受到尊重；可是，从你发表的作品，不可能看出你是一个伟大的哲人。

马洛：假如我写了雄辩的一页，证明监禁、贫穷和流放，一点不会扑灭一个智者的快乐，我难道不配做一个斯多葛哲人？

塞涅卡：谁会怀疑？

马洛：其实，我不知道已经写了多少篇什，证明无论流放、监禁和贫穷，我依然不改快乐。请问，我难道不是更好的斯多葛哲人吗？你们的道德哲学，只是对智慧的猜想。我的诗文却是智慧的持续实践，无论我的境遇如何。

塞涅卡：我认为，你所说的智慧不是你理性的结果，只是你性情的结果。

马洛：那是世上最好的一种智慧。

塞涅卡：好吧！假如天性就是那样，那当然是极好的智者。要是天生的智者，也就没有必要赞美。有德之人的幸福，有时或许来自天性自然，但成为有德之人的价值只是来自理性。

马洛：世人对于你所谓的价值往往抱持冷淡态度。因为一个人要是有任何美德，就会发现这并非他天生就有的，也就几乎完全无视。有人认为，既然要花许多精力习得这种美德，还要加以善用，那么这种美德更应该受人敬重；但不管如何，这种美德只是他理性的结果，不值得信。

塞涅卡：智者的性情，各有不同，更不足信。要是听凭性情，那么他们只是一阵一阵地表现出智慧，就像心血来潮时一样；要判断他们有多少美德，就得先知道他们的心意。这难道不更好，只听凭理性的引导，让自我超然物外，无忧无惧？

马洛：我承认那样会更好，只要能做到。但遗憾的是，自然总是捍卫着自己的权利；在我们身上，自然总是最先开始活动，我们不可能摆脱。在理性敲响警钟之前，自然早就在我们身上安营扎寨，所以，当理性拿起武器时，她会发现自己陷入了巨大的混乱；理性能否恢复秩序，这还是问题。事实上，如果我看见许多人从来不相信理性，我也毫不奇怪。

塞涅卡：可是，只有理性才有权利统治人类，将世间万物摆得整整齐齐。

马洛：但理性根本不可能运用权力。我听说，在你死后大约百年，一个唯心主义哲人希望那时在位的皇帝，允许他按照柏拉图理想国中的法则，重建和治理一个已经沦为废墟的小城卡拉布里亚，定名为柏拉图共和国。那个皇帝拒绝了这个哲人的请求，因为他完全不相信神圣的柏拉图有足够的理性，可以获任治理一个芝麻绿豆般大的小城。由此可见，理性早就失去了信度。要是理性在世上还有一点儿价值，也只有人会尊重她；可如今看起来，就连人也根本不尊重她了。

8 阿尔特米西亚和雷蒙·路黎

阿尔特米西亚二世（？—大约公元前350），卡里亚国王赫卡通尼的女儿。公元前352年，卡里亚国王、她的兄长兼丈夫摩索拉斯去世后，她独掌大权，主持修建了世界七大奇迹之一的摩索拉斯陵墓。据说，摩索拉斯驾崩后，她用水混合着其骨灰吞服，两年后，也因悲痛过度撒手人寰。

雷蒙·路黎（1232？—1315？），西班牙神秘主义者、炼金术士、哲人，著有《大艺术》等作品，影响了整个中世纪以及十七世纪欧洲新柏拉图神秘主义，但遭到笛卡尔的鄙弃。

阿尔特米西亚（Artemisia）：多么惊人的消息！你说，你知道点石成金的秘密，也就是魔法石？

路黎（Raymond Lully）：是的，我找了它许久。

阿尔特米西亚：你找到了？

路黎：没有。但全世界都相信了，至今仍然相信。跟你说实话吧，这只是一个幻影。

阿尔特米西亚：那你过去为什么要找它？

路黎：我是到这里后才明白的。

阿尔特米西亚：也就是说，你是到了这里才聪明一点的。

路黎：我看你是存心嘲笑我；不过，请注意，你我的相似，超乎你的想象。

阿尔特米西亚：我这么好的人，与你相似？我是守节的楷模！我吞下丈夫的骨灰，为他建了庄严的丰碑。请问，我哪点和你相似，你一辈子都在找点石成金的秘密！

路黎：不管怎样，我知道我说的什么。无论你把自己夸得多么美，你还是拿一个年轻人毫无办法，他根本一点不在乎你的感受。你为他牺牲了为你带来如此多荣耀的那座丰碑；面对新的激情，你亡夫的骨灰，碰巧也不是有效的解药。

阿尔特米西亚：我很想知道，你怎么如此熟悉我的隐秘？我想我这段人生足够隐秘。我从来没料到有人会知悉。

路黎：你得承认我们的命运有些相似吧，因为世人给了我们各自一份不配获得的殊荣。你得到这份殊荣，是因为他们相信，即使你夫君化为幽灵，你依然忠贞不贰；我得到这份殊荣，是因为他们相信我完成了伟业，寻找到了魔法石。

阿尔特米西亚：我坦率承认你说的对。世人在许多事情上生来都要受蒙骗，我们应该利用他们容易上当的天性。

路黎：你难道觉得我们就没有别的共性？

阿尔特米西亚：我说不准。要是还有其他共性，我愿意洗耳恭听。那是什么？

路黎：我们难道不是都在寻找一种永远找不到的东西吗？你寻找的是保持贞操的秘诀，我寻找的是点石成金的秘诀！我认为贞操和魔法石之间没有大的区别。

阿尔特米西亚：我知道，有些人对女性有好感，或许他们认为，魔法石不能拿来与贞操比较。

路黎：哦！我保证这是可以的。

阿尔特米西亚：那人们为什么要急切寻找魔法石呢？你似乎

一直是有理性的男子，怎么也为之疯狂？

路黎：的确，魔法石不可能找到；但这是很值得花时间去寻找的。在寻找的过程中，我们解开了许多意想不到的秘密。

阿尔特米西亚：比起永远寻找那些不可能找到的秘密，寻找那些可以发现的秘密，岂不更好？

路黎：一切科学都有它们的幻影，尽管没有把握的可能，但仍在寻求，在寻找的过程中，把握到了其他很有用的发现。比如，化学中的魔法石，几何中的圆的正方形，天文学中的经度，力学中的永动机。找到它们是不可能的，但寻找它们是很有用的。或许，我一直在以一种你不大理解的语言说话，但你至少明白，道德也有其幻影，那就是公正完美的友谊。它从来没有得到过，但假装会得到，这是有用的。因为，至少凭这一点，人就获得了许多其他的美德。

阿尔特米西亚：不过，我还是认为，最好离开这一切幻影，只去追求真实的东西。

路黎：你相信吗？在一切事情中，人都应该设定一个无法摸到的完美点，这是适合的。如果他们期望的只是抵达实际可以抵达地方，他们就不会上路；他们的眼中必须有一个想象的地方激励他们上路。如果有人确凿地告诉我，化学永远不能教导我制造黄金，我就会轻视学习化学。如果有人向你保证，你极为看重的那种对于夫君的绝对忠贞，绝非自然，你可能也不会耗资建造一座巨大的丰碑，来纪念你的亡夫。假如没有虚幻的理想维系，所有的勇气都会散失。

阿米特斯：如此说来，人上当受骗，不无益处？

路黎：不无益处？如果真理不幸发现自己在以真面目示人，那一切都完了。显然，她知道那是什么后果，因此，她总是以某种方式把自己隐藏起来。

9　阿庇基乌斯和伽利略

阿庇基乌斯,公元一世纪古罗马美食家,著有《论烹饪》,传说他得知自己再无钱满足口腹之欲时,就起了服毒自杀之心。

伽利略(1564—1642),意大利天文学家、数学家、物理学家,近代科学之父。

阿庇基乌斯(Apicius): 啊!真遗憾,生不与你同时,简直是我大不幸!

伽利略(Galileo): 按照我对你性情的了解,你生活的时代,更适合你。你喜欢美食,你碰巧来到人间,生在罗马,那可是世上最好的地方,彼时,罗马就像人间一个众望所归的美人,每天,各地送来精选的飞禽、走兽和鱼虾,天下似乎都被罗马人征服,只是为了供奉他们餐桌的盛宴。

阿庇基乌斯: 但我的时代是一个无知的时代,要是有一个你这样的天才,我会徒步到天涯海角去见他。长途跋涉算不了什么。你知道我为了寻访在坎帕尼亚的明图努姆尝过的一种鲜美的鱼而走的那一程?我听说非洲这种鱼更大,于是立刻启程,扬帆远航!这一路充满艰难险阻,最终我抵达了非洲海岸,遇见一队渔夫,他们劝我不要继续寻找了。他们给了我许多时令的鲜鱼。

我发现它们并不比明图努姆的鱼大。我当即下令返航，回意大利。我对上岸观光陌生的国度不感兴趣，我的随从苦苦哀求上岸歇口气，我也不为所动。要是我有幸与你生逢同时，你认为我还会怕麻烦去找你？

伽利略：我也说不准。我只是一个潦倒的学人，过着清寒的生活，一心观察天象，不懂任何烹饪。

阿庇基乌斯：你发明了天文望远镜，让我们看得更远。我听说，有人受你启发，做了一个类似喇叭的东西，可以放大声音，让人听得更清。总之，你的发明完善了我们的视觉器官，启人仿效。我如果与你生逢同时，一定会去找你，请求你费些心思，发明一些工具，完善一下我们的味觉器官，增加吃的乐趣。

伽利略：我的天！难道你不觉得味觉器官天生就已完善！

阿庇基乌斯：那你为什么还要完善视觉器官？

伽利略：视觉器官也非常完善，人都有一双值得崇拜的好眼睛。

阿庇基乌斯：何出此言！——那谁的眼睛不好，需要你的望远镜帮助？

伽利略：哲人。他们关心的是太阳有无黑点，星球是否自转，银河是不是由小星星构成，等等；他们都是半个瞎子。至于其他人，从来不操心这些想法，他们的视力完美得很。为了满足享受，如果你只是享受事物，那么你不会发现有缺；如果你还想知晓事物，那么你会发现不够。因此，常人和哲人之间有一个区别：科学不会给常人新的工具，给哲人找的新工具却不够。

阿庇基乌斯：我同意，科学不会给常人新工具，帮助他们提高口腹之欲。我希望她能多给哲人一些新工具，就像给了天文望远镜看得更远一样。此外，我还认为，哲人付出了那么多心血，应该得到善报。否则，没有好处，何必做那些发现？不为了快乐，这些发现何必需要？

伽利略：这是古已有之的抱怨。

阿庇基乌斯：既然理性有时会有新进展，为什么感官不能有新进展？我相信这也符合更好的目的。

伽利略：如果感官也这样做，它们就会越来越掉价。它们现在就很健全，一尝到乐趣，立马能够识别：如果理性发现了新知，首先就会抱怨，这表明理性天生就很不完善。

阿庇基乌斯：照你所言，你会怎么回答那些波斯国王，他们下令，谁发明了新的快乐，谁就得到重奖？

伽利略：抱歉，我会说他们是傻子。我打赌，谁也得不到重赏。若想发明新的快乐，首先得创造新的需求。

阿庇基乌斯：什么？难道快乐建立在需求之上？那我宁愿两者都放弃。照你所说，自然就没有给完美任何免费的东西？

伽利略：我有什么办法呢？——你尽管指责我的观点，却比任何人对我观点的真实性感兴趣。如果有许多新的快乐，你难道不轻易就想到，既然古人的发现唾手可得，何必一心要回到古代生活？至于新知，我知道你从来不会嫉妒其拥有者。

阿庇基乌斯：我承认你说的对。你的观点比我先前想象的更对胃口。我明白了，新知并不是那么重要的战利品，因为谁抢到它，就给谁，自然不会在意什么时代的人有份。快乐的价值更大。让一个时代比另一个时代有更多的快乐，这明显是偏袒。正是这个原因，自然才给每个时代公平公正地分配快乐。

10　柏拉图和苏格兰的玛格丽特

柏拉图（公元前427—前347），古希腊哲人。

苏格兰的玛格丽特（1425—1445），苏格兰国王詹姆斯一世的长女，1436年嫁给法王查理七世的儿子路易，成为法国皇太子妃，但遭人中伤，未得夫君呵护，二十岁即郁郁而终。

玛格丽特（Margaret of Scotland）：请助我一臂之力，神圣的柏拉图！——我祈求你帮我出个主意！

柏拉图（Plato）：快说来！——什么事？

玛格丽特：就是帮我圆一个吻的理由。我一时欣喜，就给一个学人献了一个吻，可他人很丑。再重复那个场合我说过的话，也毫无意义，但请容我申辩一句，我当时渴望的是亲吻那一张可以口吐珠玑之唇。我知道这里许多亡灵会奚落我，所以只好声称，我的亲吻只献给美丽的爱情，不是给满腹的学问；学问和爱情不应该以同样的金币支付。所以，我请求你说服那些化为幽灵的君子，宝贵的爱情是看不见的；我们可能会因美而迷醉，再丑陋的肉身也遮蔽不了内在之美。

柏拉图：你怎么能要求我去说那样的谎话？没有一个字是真的。

玛格丽特：求求你！——你不是说过那样的话千万遍？

柏拉图：算了，那是我生前说的。我那时是哲人，一心谈论爱情；我生性持重端庄，绝不能像写传奇的米利都人一样。因此，我用哲学话语包装，云遮雾绕，让世人见不到爱情的真貌。

玛格丽特：我不相信你是那样想的。我断定你指的是超凡脱俗的爱情，因为你生动地描绘了两个长着羽翼的灵魂，乘坐马车前往天国，在那里沉思美的本质。不幸的是，一匹飞马桀骜不驯，灵魂从云天跌落到大地，失去了羽翼，摔伤了形体，相会时美丽的面容消失，在大地上看见的美，只是在天国看见的美的摹本。直到羽翼重生和恢复，灵魂才又飞向所爱。总之，看见神圣的美，灵魂情不自禁会迷乱和恐惧。那种神圣、狂喜和渴望，刺激灵魂为爱不惜牺牲，就像对不朽的神灵献祭。

柏拉图：请听我直言相告，这些描绘，如果理解和表达正确，不过是说，美貌容易让人心动。

玛格丽特：可是，按照你的说法，灵魂并不寓于美丽的肉身，肉身之美只是让我们回想到还有一种更迷人的心灵之美。你描绘的那些生动情感，难道只是因为秋水般的大眼、樱桃般的小嘴和桃李般的面容，这可能吗？在描绘它们的时候，你一定赋予了它们追求其对象的美丽心灵，一定投入了你自身在其中，这样你才对得起它们。

柏拉图：我可以告诉你实话吗？智慧之美会引起崇拜，心灵之美会引起尊重，身体之美会引起爱欲。尊重和崇拜宛若静水，爱欲好似急流。

玛格丽特：难道你化为幽灵之后，就变成了浪子？在你生前，关于爱情，你讲的是另一番话，而且也实践了你关于爱情的崇高理念。难道你不记得，纵然年老色衰，你还是依然爱着科洛福斯的阿奎亚纳萨（Arqueanassa of Colophos）？请问，这不是你写给她的诗吗？

> 阿奎亚纳萨在我的心目中，
> 燃起了我爱情的熊熊火焰；
> 时光，展示它无力的恶意，
> 徒劳地给她脸上留下皱纹；
> 丘比特在每条皱纹间嬉戏，
> 用永恒的优雅迷住我眼睛，
> 在无情的时光追逐她之前，
> 在跌进她浅浅的皱纹之前，
> 我可怜那些年轻时见过她、
> 心甘情愿成为她奴仆之人！

现在，谁能够相信，这支在阿奎亚纳萨的皱纹间嬉戏的爱情大军，是受到她因岁月而成熟的智慧的感召？你可怜那些年轻时见过她、心甘情愿做她奴仆之人，因为他们迷恋她的美，你同样迷恋她身上岁月不能磨灭的美。

柏拉图：谢谢你的美意，愿意对我这首讽刺小诗做正面的解读。阿奎亚纳萨年事已高，但还是想要我爱上她，所以我才写了这首小诗。我向你保证，我不会爱上她，我的感情并不像你所想的那么崇高和玄奥。我可以用其他诗歌来说服你。如果我还活着，我会再次重复，我会遵守我笔下苏格拉底准备谈论爱情时要用的无聊仪式；我会蒙住脸，你看不到是我说话，你只听到面纱后传来的声音。但在这里，繁文缛节没有必要。我就直接念我写的另一首诗歌吧：

> 带着感动和怜悯，那慷慨的阿加莎

> 用一个急切的吻回报恋人，闪电般
> 落在我的嘴唇，我感到颤抖的灵魂
> 一阵子狂喜，立刻悄悄地朝她飞去。

玛格丽特：啊！这是你柏拉图写的吗？

柏拉图：如假包换。

玛格丽特：什么，柏拉图？你宽阔挺拔的肩膀，你庄严肃穆的表情，你满脑子的哲学，怎么会这样？柏拉图，你喜欢那样的吻吗？

柏拉图：嗯——喜欢。

玛格丽特：可你考虑过吗，我给那个学人的吻，纯粹是哲人式的吻，但你给情人的吻，完全不是哲人式的吻；如此说来，你我换了个位。

柏拉图：当然可以。哲人是勇敢的。但有些人似乎只想生来像哲人一样勇敢。我们让那些不知道哲学幻象的人追求哲学幻象，我们就服膺那些真实的东西。

玛格丽特：看来，我请求你这个阿加莎的情人来证明我的吻正确，我是误会了我吻的那个学人。假如我碰巧爱上这种博学但貌丑的人，要想得到你为我的辩解，看来还要找更多的理由。但是，可以肯定，才智本身就能激发爱欲，在女人看来这是一件好货，对于貌丑的人来说也是一张救命牌。

柏拉图：我不知道才智是否能激发爱欲，但我知道，即便没有美的加持，它也能让身体提升爱欲，给身体所需要的愉悦。要证明这一点，我们需要看到，身体也必须做点贡献，总要提供一点自己的东西，至少是青春；假如身体自己都不投入，才智对于它也就没有用。

玛格丽特：看来爱也总得有些物质的成分！

柏拉图：这是爱的本性。如果你乐意，你可以把才智作为爱的唯一追求的对象，看看，你会收获什么。你会惊讶地发现，你的爱立刻转向了物质。如果你只爱那个哲人的才智，那你为什么吻他？你吻他，是因为身体被分配去收割爱欲的果实，哪怕这种爱欲是才智激发出来的。

11　斯特拉托和拉斐尔

斯特拉托，做过埃及国王托勒密二世的老师，公元前288年后，成为亚里士多德追随者漫步派的领袖，长达18年之久。

拉斐尔（1483—1520），意大利画家，与达·芬奇和米开朗琪罗并称文艺复兴三杰，代表作有《雅典学派》《西斯廷圣母》等。

斯特拉托（Strato）：我没有想到，我给自家奴隶的忠告，会产生如此幸福的结果；我在人间过上了美好的生活，还成为一国之君，来到阴间，依然得到这里各路圣贤的崇拜。

拉斐尔（Raphael Urbin）：请问，那是什么忠告？

斯特拉托：我是推罗人。这个城邦的奴隶发起了暴乱，砍掉了他们主人的头颅，只有我的奴隶是个例外，他仁慈地饶了我的性命，把我掩藏起来，躲过了其他暴怒的奴隶。这些奴隶一致同意，在某一天，谁最先看到日出，谁就当选为君王。他们聚集在一片田野，眼睛死死看着东方：只有我的奴隶，听了我的忠告，看着西方。你可以肯定，其他奴隶都笑他是傻子。但是，正因为他背对着他们，在其他人还在等待太阳从东方升起之前，他看到身前一座高塔顶上的第一缕阳光。其他人都佩服他的睿智，但他真诚地表示,他是听了我的忠告。就这样,我活了下来,还立刻当选为国王,似乎我不是凡人,而是神灵。

拉斐尔:你给你奴隶的忠告,事后证明对你也是一大幸事,但我不认为它值得崇拜。

斯特拉托:这里所有的哲人都会为我回答,我教给我奴隶的东西,正是每个智者应该实践的内容,也就是,要发现真理,你就要与大众背道而驰。常识是得出明智结论的金科玉律,只不过你需要反向理解常识。

拉斐尔:那些人只是像哲人一样夸夸其谈;他们的行当就是污蔑常识和偏见,其实,再没有比常识和偏见更方便有用的东西。

斯特拉托:照你说的,我们猜你接受了常识和偏见而受益。

拉斐尔:不,我向你保证,在这方面我特别客观公正;尽管我公然宣布赞成偏见,但我活在世上时,我因为偏见遭到许多嘲笑。在罗马,人们忙于从废墟里挖出雕像,我作为著名的画家和雕塑家,人们选我出来判断这些是不是古人文物。我的死敌米开朗琪罗偷偷地做了一件酒神的雕像;完工之后,他故意切掉了雕像的一根手指,埋在一个他知道会挖出来的地方。这座雕像挖出来后,我立即宣布它是古人文物;但米开朗琪罗声称这是今人赝品。我坚持主要的判断依据是雕像的美,按照艺术的规则,这种美只能出自古希腊人之手。在激烈的争论中,我断定这件雕像可以回溯到波利克莱斯特或菲迪亚斯的时代。最后,米开朗琪罗拿出了他切下的那根手指,这是无可辩驳的理由。于是,我因偏见而遭嘲笑;但是,倘若没有偏见,我还能做什么?是他们要我当裁判,你知道,那样一个角色要求我下判断。

斯特拉托:你应该按照理性来下判断。

拉斐尔:理性就能下判断吗?即使问了理性,我还是不知道这雕像是古人的还是今人的；我只知道它很美。但就在这里，偏见助了我一臂之力，它告诉我，这么美的雕像肯定是古人的：这是一个裁决，于是我下了判断。

斯特拉托：这些无伤大雅的小事，理性没有赋予它们无可争议的准则，毫不奇怪；但对于所有关乎人之行为的大事，理性的裁决是确凿无疑的，唯一不幸的是，人们很少询问理性。

拉斐尔：既然这样，我们在任何事上都来问问理性吧，看看她会做怎样的裁决。要是亲友故去之后，你问理性，该哭还是该笑。理性会告诉你："你永远失去了他们，你该哭；但是，他们从此脱离了人生的苦海，你该笑。"这就是理性的回答。其实，不需要问理性，习俗很快就帮我们做了决定。如果按照习俗，我们该哭，我们就会放声大哭，根本不会去想，此时该不该笑；同样，如果按照习俗，我们该笑，我们就会放声大笑，根本不会去想，此时该不该哭。

斯特拉托：理性并不总是那样优柔寡断。她只是把这事留给习俗来处理，这种小事不值得她出手；在许多大事上，理性有着精确的定理，由此推断重大后果？

拉斐尔：如果我没说错的话，精确的定理是极少的。

斯特拉托：没关系。但正因为它们存在，人们才信仰理性。

拉斐尔：不可能。理性提出的定理太少，可是，人们生来相信更多的定理。理论信度的过剩就被偏见利用，谬论也就乘虚而入，填补了空缺。

斯特拉托：哪些时候，一个人才会自投谬误的罗网？在可疑的事情上，我们难道就不可以终止判断？理性不知道走哪一条路时，自然会止步不前。

拉斐尔：的确是这样。在那种情况下，理性没有别的秘诀，阻止她迷路，最好的办法也就是止步不前。这条路分叉成两条，理性就站在分岔的路口。但在我们心目中，这是一个触目惊心的姿态，我们自然以为，理性一直在行动，她必须继续前行。世人没有资格怀疑，知识有终点，力量有尽头。他们以为，怀疑就是行动的匮乏，人必须永远行动。

斯特拉托：照你这么说，要是像常人一样行动，你就得保留习俗的偏见；要是像智者一样行动，就得铲除理解的偏见。

拉斐尔：最好都保留。你可能不知道一个年老的萨姆尼人给他同胞的两种答复。萨姆尼人在一个狭隘的关口包围了他们的死敌罗马人，于是派人去向这个老人问计，如果此时可以对罗马人任意处置，他们该怎么办为好。这个老人说全杀了。萨姆尼人觉得太严厉了，于是再次派人去问有无别的良策。这个老人说无条件放生。这两个意见，萨姆尼人都没有选择，他们最终为自己的愚蠢付出了代价。对待偏见也是同样的：要么全留活口，要么统统干掉；否则你杀掉的偏见，会让你怀疑留下来的偏见。很快，你在许多事情上受骗的痛苦，不再会从不知不觉受骗的快乐中获得补偿。总之，你既没有真理之光，也没有谬误之魅。

斯特拉托：如果没有办法避免你提出的两种选择，那也就没有必要犹豫走哪一条路了；干脆灭掉所有的偏见。

拉斐尔：问题是，理性把所有旧的观念从心灵中清除之后，如果没有任何补充，就会在心灵中留下大片空白，这谁受得了？谁都受不了。理性只在心灵中占很小的份额，心灵照旧需要大量的偏见。偏见是对理性的补充。一方不够，另一方就补上。

12　卢克蕾提亚和普隆伯格

卢克蕾提亚，塔克文·科拉蒂纳斯之妻，遭罗马国王塔克文·苏佩布的儿子塞克斯图斯强奸。卢克蕾提亚将受辱一事告诉丈夫之后自杀身亡。这个事件引发了罗马民众起义，葬送了塔克文家族的罗马君主制，罗马此后进入了共和时代。

普隆伯格，雷根斯堡一个民女，奥地利的唐约翰之母。唐约翰生于1547年，其父未详，但查理五世自认为是其父，因为他在雷根斯堡参加帝国会议期间，与普隆伯格有染。

普隆伯格（Plomberg）：你现在肯定不相信我，但我不是瞎说：查理五世皇帝和我取名的那个公主有染，我充当了幌子。但这还不是全部内幕。老实告诉你吧，公主希望我帮她抚养刚偷生下来的王子；我答应了。看，把你吓着了！——你难道没有听说过，一个人再多的美德，都不会嫌多，正如江海不择细流，山岳不让土壤？比如，你不会嫌你的才智多吧？我当然也希望有更多的美德。

卢克蕾提亚（Lucretia）：你在搞笑吧；一个人绝不可能有太多的美德。

普隆伯格：说真的，如果我可以重新投胎回到人世，只要我美德最好，我保证会拒绝别的东西。当然我知道，要是我十全十美，会引起许多人的怨恨，所以，为了安慰那些身边人，我历来也希望有些缺点。

卢克蕾提亚：看起来，纯粹出于对美德不够的女人的善心，你乐意给自己的美德加以限制。

普隆伯格：如果她们认为我看起来更严肃，我倒愿意对我美德的面相加以限制，只要她们不把我看成在指责大众。

卢克蕾提亚：她们会十分感激你，尤其是那个公主，她特别高兴为自己的孩子找了一个母亲。她不只托付一个给你吧？

普隆伯格：是的，不止一个。

卢克蕾提亚：我大吃一惊！你这样一个大度的朋友，她倒是会充分利用。你看起来好像从不在乎自己的名声。

普隆伯格：还有更让你吃惊的在后头。我那时知道，我越不在乎名声，我就越幸运。不管我多么小心，真相都会大白；人们会发现，小王子不是我生的。我得到的回报超越了我的想象。看起来，大家决心加倍给我补偿，因为我毫不炫耀自己的美德，因为我慷慨地免除了大家应该给我的尊重。

卢克蕾提亚：的确是很好的一种慷慨。分给了大家，又一分不少。

普隆伯格：你说什么？——我跟你说，那些装出一副傲慢面孔，想引起尊重的人，其实性格乖张，容易遭人反抗。你是世上最懂这一点的人。你一心追求光荣，必然有些人会莫名其妙觉得受到冒犯，他们千方百计要抹杀你视死如归的豪迈。

卢克蕾提亚：他们怎样攻击那样一种英雄行为？

普隆伯格：我怎么知道！我想他们会说，你有点儿像最近去世的一个女人。即使你没有等到强暴者最后一击，你的死也像是一种勾引。但你似乎不愿意就这样冒失地自杀，莫名其妙地死去。总之，世人是公平的，他们对你深表遗憾，对我则表示欢迎。或许是因为你过于急切地追求光荣，而我无欲无求，任其自然。

卢克蕾提亚：还要补充一句，你是千方百计阻止光荣到来。

普隆伯格：是的。低调就不算美德吗？我低调，宁愿藏起我的美德。而你恰恰相反，刻意炫耀你的美德。你独自一人的时候不自杀，非得等到全家人在场才自杀。美德难道不满足于做自己的见证人吗？伟大的灵魂难道不应该鄙视光荣这种幻影？

卢克蕾提亚：你要小心这一点，这是很危险的一种智慧。你所谓的幻影，是世上最强大的东西。它是万物的灵魂，它优先于一切。你只要看看，我们这个极乐世界有多少幻影。到这里来的幽灵，死于追求光荣之人，远多于死于热病。我完全有理由这样说，因为我就是死于追求光荣。

普隆伯格：那你和其他人一样，都应该被看成傻瓜。你其实是死于虚荣这种病。自从第一个亡灵来到这里，人间的光荣对他没有任何好处。

卢克蕾提亚：你说的对，但这是此地的一个秘密，绝不能让活人知道。

普隆伯格：为何不能？他们抛下这样一个欺骗他们的念头，有何害处？

卢克蕾提亚：他们就不会再干英雄行为。

普隆伯格：不，人们还是会干英雄行为，只不过是出于义务，这是更高贵的光荣观念，它建立在理性之上。

卢克蕾提亚：正是建立在理性之上，这种光荣观念才很脆弱。光荣观念建立在想象之上，才会强大有力。甚至理性也不会同意，人只服从她的驱使，她明智地知道，她多么需要想象的支持。当库尔提乌斯准备为国牺牲，单枪匹马冲进罗马中部出现的深渊之时,要是他听到一个声音在说,"这是你的义务,跳进这个深渊,但请相信,没有人会提及你的英雄事迹",说真的,我怕他会掉转马头。就以我自己来说,我不会发誓,我自杀,只是出于我的职责所系。那是为了什么?我会想,要是遭强暴,我的职责也不会遭玷污;至多,我会流几滴泪水。但为了一个光荣的名字,匕首是必要的,所以我用匕首自尽。

普隆伯格:我可否告诉你,我对这事的看法?我认为,这些伟大的行为,统统都可忽略不计,不管它们是出于光荣还是虚荣。

卢克蕾提亚:我请求你,不要匆忙下结论。所有的职责都会完成,尽管不是作为职责。所有适合于人做的伟大行为,都会完成;一句话,自然在世间立的法有其自身的进程;别的不用多说,只想再强调这一点,自然从我们的理性中得不到的东西,她会从我们的愚蠢中得到。

三　今人亡灵的对话

1 布列塔尼的安妮和英格兰的玛丽

布列塔尼的安妮（1477—1514），布列塔尼公爵弗朗索瓦二世之女，先后嫁给查理八世及其继任者路易十二。

英格兰的玛丽（1496—1533），英格兰国王亨利七世的女儿、亨利八世的妹妹。布列塔尼的安妮去世之后，路易十二娶其为妻。1515年路易十二驾崩三个月之后，再嫁萨福克公爵。

安妮（Anne of Britany）：可以肯定，听到我死了，你特别高兴，因为你立刻过海，与路易十二（Louis XII）成婚，占据了我留下的王后空位。可惜啊，你无福消受；你年轻貌美，把我夫君迷得团团转，他轻易就忘了我过去的存在；现在我终于出了一口恶气，正因为你年轻貌美，才加快了他的离世，让你在王后的宝座上，长久地守活寡。

玛丽（Mary of England）：的确，王后之位在我眼中如同幽灵，转瞬即灭。

安妮：此后，你成了萨福克（Suffolk）公爵夫人；真正的下嫁！你看我，谢谢上天垂顾，命就比你好：查理八世（Charles VIII）驾崩之后，我不但没有失去王后宝座，还嫁给了他的继任者，这真的是一种罕见的好运。

玛丽：要是我告诉你，我一点不羡慕你这种好运，你相信吗？

安妮：不相信！我就不明白，你已经做了法兰西的王后，还去做公爵夫人干什么。

玛丽：我喜欢萨福克公爵。

安妮：不管你怎么说，我只想问你一句，一个女人尝过了当王后的甜头，她还想要别的美味吗？

玛丽：是的——只要是爱的美味。我对你说，你没有理由希望我不好，因为我是你的继任者；我若非命运的宠儿，我也做不了萨福克公爵夫人。所以，当我摆脱了法兰西那顶王后的桂冠，我立刻回到英格兰，心满意足地戴上了公爵夫人的头衔。

安妮：这么看来，你不是那样一个卑劣的人。

玛丽：老实说吧，我没有野心。自然赋予人类种种淡雅简单的快乐，可是人类凭空想象出许多复杂难觅的快乐。可以肯定地说，相比于人类自己选择的快乐，自然为他们做出的选择更巧妙，那为什么人不把这种选择权留给自然呢？自然孕育了爱这种赏心悦目的快乐，人们不去选择，却去寻找完全没有必要的野心。

安妮：谁告诉你他们寻找的是野心？渴望伟大光荣，渴望发号施令，与渴望温柔的爱，都是自然激发的感情。

玛丽：众所周知，野心是想象的孩子，他有其父五官的鲜明特征。这个骚动不安的小家伙，总有许多规划和幻想；他刚接近梦想，就必然越出跑道，继续漫无目标地疯跑。

安妮：爱，可惜抵达目标太快。

玛丽：如果承认这一点，那得出的结论会是，爱往往能够使我们快乐，但野心不能；即便野心能使人快乐，那种快乐也只属于少数人，因此，这不是自然提供的快乐，因为自然提供的快乐人人都能享受。你看看爱！它就是为所有世人而准备的快乐。只有那些误入歧途的可怜虫——他们只在奢华的壮丽中追求幸福——自然似乎才认为他们不配这种温柔的享受。一个有千万人服侍的君王，也不一定能俘获一颗人心；他不能肯定，自己是因为人品还是地位得到服侍，换作别人，还有没有同样的享受。总之，王权剥夺了他所有的快乐，包括那种最简单的快乐，最温柔、最给人慰藉的快乐。

安妮：除了你乐意分享的这种小小不便，你还没有证明君王处境更加不幸。看到自己的意志被人奉行或受人揣摩，看到我脱口而出的一个字眼就能左右无数人的命运，看到无数人鞍前马后不知疲倦地侍奉安排，急切地逢迎，只为了我一人开心，我当然感到宽慰和满足，只是不知别人爱戴的是我的人品，还是我的王冠。你说，野心带来的快乐只是为少数人准备的，那就把这样的快乐再多给我一点。既然做君王是最令人快乐的独特好运，既然戴上王冠之人是上天拣选，有别于人，他们失去了世人享有的寻常快乐，那就用其他更崇高的快乐慷慨补偿吧。

玛丽：天啊！看看他们蒙受的损失，看看人们给他们平凡简单的快乐时，他们会是什么反应。你愿意听一件开心的故事吗？是前天我们英国的一位女王讲的，她在位时间很长，生活幸福，一直独身。当她第一次接见荷兰使团时，使团随行人员中有一个英俊的年轻人，他见到我们女王陛下之后，立刻对身边的人悄悄说了一句话，他异样的神情没有逃过女王陛下的注意，一下猜中了他在说什么，因为你知道，女人天生有着惊人的直觉。这个荷兰年轻人只说了三四个字眼，女王陛下也一个音节都没听清，但她的心思就此被完全占据，再也听不进他人的宏论。接见完毕之后，女王陛下决定满足一下自己的好奇心，她召见那个年轻人的身边人，问他们那个年轻人说的是什么。他们一脸虔诚地说，背地里这么议论一个伟大的女王,定当死罪,因此,请求女王陛下开恩,不要让他们重复那一句话。直到她动用威权,他们才告诉她,那个荷兰年轻人悄悄说的是"我的天,真漂亮",总之,他就这样脱口说了一句话,活灵活现地暗示她是他的梦中女神。他们诚惶诚恐地说出这个秘密,担心会招致死罪。不过,他们大可不必恐惧,最糟糕的结果也莫过于,当荷兰使团辞行之时,女王陛下高兴之余,给了那个勇敢的荷兰年轻人一份厚礼。因此你看,贵为女王陛下,见惯了无数恢宏场面的快乐,就是因为别人私下认为她漂亮,她从中获得的这样一点平凡的快乐,就压倒了其他的快乐,以其特有的魔力,直抵她的内心。

安妮:不过,话说回来,她是决不会牺牲其他的快乐,来购买这种快乐的。无论什么东西,只要太平凡、太简单,都不符合人性之所好。人不满足于仅仅轻抚其感官的那种快乐,他希望的是让他激动不已、神魂颠倒的快乐。试问,诗人描绘的田园牧歌生活,镶嵌着甜蜜、朴素和愉悦,为何只见于诗作,不见于生活?只因为那种快乐太轻柔,太单调。

玛丽:可是,你如何解释,这是什么原因,人间最繁华、最自豪的宫廷生活,带给心灵的抚慰,也不及田园牧歌式的快乐带给人的温柔念想。这肯定是因为人之心灵天生就渴望那种快乐。

安妮:如此说来,享受你所说的平凡宁静的快乐,只能在人的美梦中寻找。

玛丽:抱歉!显然,极少人有那么好的品位,一开始就选择那种平凡宁静的快乐,但一旦做出了那样的选择,他们会心甘情愿终身侍奉。人之想象,在充斥虚假快乐的圆形剧场中精疲力竭后,终归会回到真实、平凡而宁静的快乐。

2　查理五世和伊拉斯谟

查理五世（1500—1558），神圣罗马帝国哈布斯堡王朝皇帝（1520—1556年在位），尼德兰君主（1506—1555年在位），德意志国王（1519—1556年在位），西班牙哈布斯堡王朝首位国王（1516—1556年在位），同时也是奥地利哈布斯堡王朝的一员。

伊拉斯谟（约1466—1536），荷兰思想家、哲学家，欧洲人文主义运动主要代表人物，著有《愚人颂》等作品。

伊拉斯谟（Erasmus）：如果亡灵中也有地位的高低之分，无疑，我告诉你，我丝毫不会让你。

查理五世（Charles V）：什么！——你一个语文学家，一个学者，顶多再给你一顶最好的桂冠，一个才子，居然敢昂起头，在一个君主面前耀武扬威？我可是欧洲最强大的王者！

伊拉斯谟：随便你，哪怕你把美洲也放进你的口袋，我也不会怕你一点点。你的辉煌不过是运气的产物，是一连串幸事的合力。假如拆散了，逐一审视，你就会明白。比如，要不是你祖父费迪南德（Ferdinand）守信，你哪有机会在意大利插足；要是其他君王稍微有点脑子，知道对极的概念，哥伦布（Columbus）就不会投奔你，美洲就不会成为你的一部分遗产；要是末代勃艮第公爵（Duke of Burgundy）去世之后，路易十一（Louis XI）想过自己的所作所为，马克西米利安（Maximilian）哪能占有勃艮第，你哪能占有荷兰、比利时和卢森堡；要不是你的舅公卡斯蒂利的亨利四世（Henry of Castile）在脂粉堆里身败名裂，要不是你放荡不羁的舅婆无人敢再娶，要不是她生的女儿没有被你舅公当成己出，你早就被排除在卡斯蒂利王位的继承人之外。

查理五世：听你这么一说，我惊恐万状。我好像此刻正失去卡斯蒂利、荷兰、意大利和美洲。

伊拉斯谟：这真不是开玩笑。在你这些祖先中，只要其中一个聪明点儿，或者另一个老实点儿，你就会遭受巨大损失。尽管我没有谈一件具体的事，诸如，你舅公的性无能，你舅婆的放荡，但它们对于合成你的好运都是必要的。无疑，这栋建筑很坚固，只不过建立在危险的地基上。

查理五世：的确，谁能经受得住这么严厉的审视？我承认，我的辉煌和头衔在你面前都化为乌有。

伊拉斯谟：但有一些装饰，你认为使你如此光彩。你看我多么轻松，就剥夺了你的羽毛。你难道忘了雅典人刻蒙（Cimon）的故事？他逮到几个波斯人，在路的一旁，卖剥下来的衣服，在另一旁，卖裸体人质。这些人质的衣服很华美，买家众多。你知道有多少人买裸体人质吗？无人问津。说真的，我认为，许多人的成功就像那些波斯人质，要是把命运馈赠给他们的礼物分开，他们所剩的个人美德一钱不值。

查理五世：请问，个人的美德是什么？

伊拉斯谟：这还用问吗？——就是我们内在品质，比如，智慧和知识。

查理五世：你认为我们从中可以获得光荣？

伊拉斯谟：毫无疑问。这些东西不像名位或财富，不属于运气。

查理五世：我对你所言感到惊奇！请问，博学之人获得知识，幸运之辈获得财富，方式不都是靠继承吗？我告诉你吧，你们这些学人继承的是古人的知识，正如我们继承的是先人的财富。我们的先人留给我们他拥有的财富，那些古人遗赠给你们一切的知识。由此可以说，你们许多文人对古人传统的尊重，正如我们中间许多人对祖宗地产物业的尊重，稍有改变，就会被视为大逆不道。

伊拉斯谟：我承认，你们这样的大人物生来继承了父辈的荣光，可我们学人并非生来继承古人的知识。学问不是可以继承的产业，必须努力习得；即使算是继承，也是千载难逢，还是有足够的空间让人追求光荣。

查理五世：就算你说得对，那也请你考虑一件事，你们获得精神的财富固然艰辛，但与我们维系命运留下的财富所费的苦心相比，你会发现大致差不多吧。总之，如果你只考虑难度，很显然，世上有许多事务，都难于你在密室中默默地消遣和玄思。

伊拉斯谟：如果你乐意，我们暂且不再争论学问之事，只集中在智慧这个话题。至少这份财物，绝非靠运气。

查理五世：你敢肯定？不！智慧难道就不靠某种快乐习性的头脑，生来具有一个聪明清醒的头脑，难道不像生来成为王子那样的运气？我承认，你是伟大的才子，你可否帮我一个忙，问问所有的哲人，这是怎么来的，什么阻止你成为一个蠢蛋？几乎没有东西，哪怕是纤细的性情，或者诸如此类的微粒，能够逃离最精细的解剖和探寻。毕竟，这些君子，这些才子，信誓旦旦地向我们允诺，唯有他们的才智，不受运气的左右，因此，他们认为，依靠才智的力量，他们有权取代其他的人类。

伊拉斯谟：照你所言，拥有美德似乎就等于有了大量的钱财或才智？

  查理五世：钱财和才智，这两种最令人高兴的东西，都靠运气。相比之下，拥有才智，更靠运气。总之，它仍然只是一种运气。

  伊拉斯谟：也就是说，一切都是运气。

  查理五世：是这样的，如果我们所谓的运气，是指尚不为我们所知的一种秘密的处置或指令。你刚才谈到剥夺人们的羽毛，要是我剥夺的美丽羽毛比你少，你会对我有成见。你只是剥夺了人们出生的优势，但我剥夺了他们精神的优势。如果人们产生自负之前，能够好好掂量一下有何资格，世上也就没有虚荣。

3　伊丽莎白一世女王和阿朗翁公爵

　　伊丽莎白一世（1533—1603），英王亨利八世和他的第二任王后安妮·博林的女儿，英国都铎王朝的最后一位英格兰及爱尔兰女王（1558—1603），也是名义上的法国女王。1603年，在里士满王宫去世，享年69岁，终身未嫁，因此被称为"童贞女王"。

　　阿朗翁公爵（1554—1584），法王查理九世弟弟，伊丽莎白一世求偶者之一。

　　阿朗翁（Duke of Aleneon）：既然你心里已经决定，不会有结果，为什么这么久还给我念想，希望我娶你，你到底什么意思？

　　伊丽莎白（Queen Elizabeth）：你不要因此而抱怨；我对其他几个人也是一样，他们无一比你差。我才和珀涅罗珀（Penelope）一样的年岁：你，你的兄长安茹公爵（Duke of Anjou），还有瑞典国王，全都是我的追求者，你们都抱有这样的念头，窃喜有望得到一个比伊萨卡大得多的岛国。我让你们空等了好几年，最终你们都成为我的笑柄。

　　阿朗翁：我们这里肯定有些亡灵，绝不承认你像珀涅罗珀，一点也不像。你知道，比较难免会有缺陷。

伊丽莎白：你看，我的公爵，我从来没有把你当才子，我现在仍然找不出理由改变对你的看法。总之，要是你足够明智，考虑一下你说的话——

阿朗翁：很好！这种豪情很适合你，的确令人敬佩。我不再恭维你了，毕竟恭维对于亡灵也没有用。我只想问你，为什么你总是炫耀自己的纯洁，炫耀自己是童贞女王？你把北美大陆发现的一个新的地方，命名为弗吉尼亚，就是为了纪念你这个最受怀疑的品质；幸好那是在另一个世界，否则这个地名绝无成立的可能。我们暂且可以抛下这个话题，我想再问你。能不能给我一个理由，解释你的奇怪举动，为什么你所有结婚的打算，都无疾而终？是不是因为你的父王亨利八世（Henry VIII）结婚六次，你就决心终身不嫁，正如查理五世（Charles V）终日云游四海，他的儿子菲利普二世（Philip II）才决心从不离开马德里？

伊丽莎白：我不妨也证实你给出的理由。的确，我的父王一生结婚多次，休了几个王后，斩了几个王后。这里正藏着我奇怪行为的真正秘密。我通过观察，得出这样的结论，世上最开心的事情，莫过于自娱自乐，制定一些计划，精心做好准备，但绝不执行。到手的对象难免了失望，想象之物化为现实，难免不大打折扣。你来英格兰向我求婚，我终日以舞会、美食和欢宴相待，我甚至给了你一枚婚戒，至此一切都很祥和，因为所有这些都早有打算和准备。在享受完了属于婚姻的好事之后，我就审慎地止步，拒绝了你的求婚，打发你回家。

阿朗翁：老实说，你的结论不适合我。不，相比于缥缈的幻象，我更喜欢真实的东西。

伊丽莎白：天啦！要是从人的手里夺走了幻象，他们还剩下什么快乐？我现在明白了，你还没有品尝过人生最美的东西。真的，我必须说你很不幸。

阿朗翁：最美的东西？你肯定在笑话我。我人生中哪有美的东西？我从来没有在任何事情上成功过。我有四次机会戴上王冠，波兰的、英格兰的、低地国家的和法国的王冠看来都是我囊中之物，谁知我什么都没有捞到。

伊丽莎白：你难道没有意识到，这才是最幸福的事。满怀希望和憧憬，欣然神往，如同仙境，不见实物。只要你活着，你就一直在为登上王座而做准备，就像我活着，一直在为婚事做准备。

阿朗翁：但是，正如我认为，真的结了婚，对你来说也不会不快，同样，我承认，真的当了君王，我还是会很快乐。

伊丽莎白：天啦！快乐并不是那么坚实的东西，足以承受住我们一头扎入其中，我们必须满足于只在其表面嬉戏。快乐就像沼泽地，一个人也许可以在上面轻快地掠过，但如果想在上面立足，就会发现脚下的地块在下沉。

4 卡贝斯坦的威廉和勃兰登堡的阿尔伯特

卡贝斯坦的威廉,法国十二世纪至十三世纪诗人,生平未详。

勃兰登堡的阿尔伯特(1553—1618),波兰国王齐格蒙特二世之子,1566年,被册封为普鲁士公爵,两年后继位,后精神失常,由家族成员秉政。

阿尔伯特(Albert Frederick of Brandenbourg):我想,正因为你和我一样是疯子,所以我才更喜欢你。给我讲讲,你是怎么疯的?

威廉(William of Cabestan):我是一个普罗旺斯诗人,生前很受人尊重,可这也给我带来不幸。我爱上了一个因我诗歌而出名的少女,我写的情诗令她感到骄傲,她生怕我移情别恋写诗赞美他人。总之,她要我的缪斯专属于她,就给我服了一包毒药,然后我就疯了,再也写不了诗歌。

阿尔伯特:请问,你死了多久?

威廉:四百来年。

阿尔伯特:人们这么尊敬你,甚至不惜采取投毒的方式来挽留你,这足以说明,你那个时代的诗人很少。很遗憾,你我生不同时。要是你生在我的时代,你可以写诗献给基督教世界的任何美女，不用担心受害。

威廉：我相信你的话；因为所有来到这里的才子和诗人，没有任何人抱怨遭逢我同样的命运。不过，我想问，你是怎么疯的？

阿尔伯特：因为一件婚事。我是在极度清醒的状态下疯的。从前有一个国王，看见森林里一个妖精之后就疯了。那算什么？我告诉你，我看见一个更可怕的东西。

威廉：你到底看到的是什么？

阿尔伯特：可怕的婚姻前景。我迎娶的是克利夫斯的玛丽亚（Maria Eleonora of Cleves）。在婚宴上，我就一直在琢磨婚后这件事，我对即将到来的生活做了深刻而明智的省察之后就疯了。

威廉：你后来时而清醒过吗？

阿尔伯特：有的。

威廉：那就糟了；我比你不幸，我后来完全清醒了。

阿尔伯特：这怎么叫不幸？

威廉：你这么说，表明你无知。一个人做过一次傻子，最好就做一个绝对的傻子，永远的傻子。那种时而清醒、时而疯狂的状态，那种疯狂之后完全恢复的理性，其实是不幸，只有我们这种还没有完全傻的人，才偶尔会那样。倘若你观察自然，她每天按常规制造的那些人，也就是大多数的世人，你会发现，他们都是一样的、彻底的、无可救药的傻子。

阿尔伯特：在我看来，我还是认为，不要那么傻，才好。

威廉：我发现你不懂傻的好处；一个傻子，也就认不清自我；真的，生活的前景是很悲惨的。因为自我绝不可能成为他者，一旦失去自我，成了疯子、傻子，也就别想再清醒。

阿尔伯特：我认为你说得很对。但是，你不要想劝说我相信，世上真有你说的那种绝对的傻子。我认为只有我们那样的傻子。其他人都是有理性的；否则，失去了理智，也等于什么都没失去，也就无所谓疯子和清醒的人。

威廉：疯子只是一种特定类型的傻子。因为一般的傻子都是同一种性质的人，幸运的是，他们都一致赞同，他们要为社会最强大的纽带服务。你看，他们渴望不朽，羡慕虚荣，想寻求世间万物背后的运动法则，却无人称他们为傻子。而有些傻子，在某种程度上，与其他人格格不入，是注定要被淘汰出局的，他们也不参与日常的生活交流。

阿尔伯特：你说的疯子，是不是那样的傻子，当别人在一起像聪明人一样交谈时，他们经常在旁边叫唤，嘲笑别人是傻子。

威廉：小心你说的话。我告诉你吧，大家都在叫唤，都在嘲笑对方是傻子。你乐意的话，你可以下结论说，这是自然立下的一个聪明规定。比如，隐士嘲笑朝臣，但他的嘲笑影响不了朝臣在宫中的热闹；朝臣嘲笑隐士，但他的嘲笑打搅不了隐士的幽居。如果有一个阵营，大家公认里面都是有理性的人，世人打破头都要挤进去，必然造成人满为患，永远混乱不堪。因此，更好的办法是，世人应该分成许多小小的阵营，这样就避免了大家都在一起造成的尴尬，他们各走各的路，嘲笑对方是傻子。

阿尔伯特：老实说吧，我发现，哪怕你做了亡灵，也没有治好你的疯病。按照你的逻辑，你还是和以前一样，是一个大傻子。那包可怕的毒药，还在毒害你的脑子。

威廉：这正是一个傻子对另一个傻子的看法。真正的智慧会让其拥有者显得杰出和独特，但究竟什么是智慧，大家都在同一个层面上，各执一词，互不让步，他们也就从这种平等中得到了满足。

5　阿格涅斯·索蕾和罗克斯萨拉娜

阿格涅斯·索蕾（1422—1450），法国国王查理七世情妇，对查理七世政治活动产生重大影响。

罗克斯萨拉娜（1505—1561），生于俄罗斯，苏丹苏莱曼一世宠妻。

索蕾（Agnes Sorel）：说实话，我不理解你们土耳其人的谈情说爱方式，你们土耳其后宫的女子，遇到的都是盛气凌人的男子，恕我直言，他们只有一种很粗鲁的方式：女子这方面，没有欲拒还迎，男子这方面，没有卑躬屈膝存心取悦。换句话说，无论是苏丹，还是苏丹女眷，都没有品尝到爱情的美好。

罗克斯萨拉娜（Roxalana）：你怎么知道的？土耳其的苏丹，非常在意自己的权威，出于政治原因，他们忽略了爱情的温柔雅致，以防女眷脱离依附，僭用王权，干预国政。

索蕾：颇有道理。可是话说回来，即使女眷僭用王权、干预国政，难道苏丹就认为，这是他们的不幸？万物之中，爱情最有智谋。你面前这个人就可为证。要不是她主宰那个法国君王的感情，天知道那时的法兰西会去哪里。请问，你难道从来没有听说，在查理七世（Charles VII）的统治之下，我们的国事是多么糟糕？当英国人几乎成为我们整个法兰西的主人，哪里才是光明的前途？

罗克斯萨拉娜：是的，我听说过；因为历史发出了巨响，我知道，有一个少女拯救了法国。可你那时不正是查理七世的情妇？

索蕾：你误解了；我和那个少女没有任何关系。那时，查理七世决定抛下法兰西，任由篡国的异族蹂躏。他打算隐居于山野，可我压根儿不想跟随同去。我就暗中派人找来一个与我私交匪浅的占星家。一天，他当着查理七世的面对我说，我算过你的命，命中注定有一个伟大的君王会爱你一生，要是算得不灵，他就再也不相信占星。我当即转身对查理七世说："陛下，我希望您不要怨我，要是我离开你，投身英王的怀抱，因为你已决定放弃江山，这表明你还不够爱我，不是命中注定爱我一生的情人。"查理七世害怕失去我，才决定继续当政，从此洗心革面，发奋图强。你看，法兰西多么感激这份爱情；哪怕只是出于感激，一个国家就应该多些风流韵事！

罗克斯萨拉娜：说得太对了。我们再回到前面说到的少女；请问，她那时做了什么？这难道不是卑劣的历史错误，把本来属于你这个宫廷美人、皇帝情妇的光荣，记在一个卑微的乡下少女的名下？

索蕾：历史犯下那样的错误，并不奇怪。但可以肯定的是，正如我重新鼓起了查理七世的雄心，那个少女第一个重新激励了军队的士气。她看见查理七世手持长剑，迎击前来入侵的外敌，立即出手助了一臂之力。但是，别忘了，查理七世重展雄风，归根结底还是靠我的激励。总之，要让你相信我也分担了这份军国大事，请允许我复述一下查理七世的继任者之一的证词。他写诗表达了对于我的追忆：

贞妇也许会谴责可爱的阿格涅斯，

但法国的重生稳固了她的声名；
她在人们的记忆中得到的赞美，
远远胜于幽居修女或虔诚隐士。

　　罗克斯萨拉娜，你怎么看？至少，你必须承认，要是我像你那样只是一个懦弱的苏丹女眷，要是我没有权力主宰查理七世，像我那样威逼利诱，他和法兰西早已被彻底葬送。
　　罗克斯萨拉娜：这样一件小事，你就如此自豪，难道还要我崇拜？你在情人的心上，自由自在地展示权力，为所欲为，这对你也不是什么难事。我尽管只是一个女奴，却也能让苏丹臣服。你成就了查理七世，但却违逆了他的心意；苏丹苏莱曼一世（Soliman）纵然万般不情愿，但还是不得不娶我。
　　索蕾：怎么可能！据说苏丹从不结婚。
　　罗克斯萨拉娜：我承认。但无论如何，我还是打算嫁给苏莱曼一世，尽管他对我的强烈感情，多次都已得到满足。你会听到一个比你用的更加高明的策略。我开始建神庙，做了好几次虔诚的法事。有一回，我假装很忧伤。苏莱曼一世温柔地问了我无数次，忧从何来。我找了各种遁词遮掩，最后叹息着告诉他，我按照御医指点所做的一切善行，可能还是无济于事，因为我只是一个女奴，我积下的德，完全转移给了主人，这就是我忧伤的原因。苏莱曼一世为了显示仁慈，立刻给了我自由身。这样，我积下的阴德就是我自己的了。当他想如从前一样享受我，把我当成后宫女眷时，我让他大吃一惊。我非常庄重地乞求他的原谅，我告诉他，他没有权利这样对待一个自由身的女人。苏莱曼一世还算有良心，他就去咨询法律专家。这个法律专家我暗中打过招呼。他照我的吩咐回答说：对于不再属于自己奴隶和财产的自由人，行使任何权力都应该谨慎，如果不成婚，就不要再纠缠。苏莱曼一世那时正迷恋我。他只有一条出路，就是娶我。尽管这对一个苏丹来说是一条很危险的出路，但他还是冒险娶了我。

　　索蕾：我承认，征服那些早有预谋、压制我们、严禁我们挑战的男人，是莫大的快乐。

　　罗克斯萨拉娜：是啊，是啊，男人可能会严阵以待；但我们一旦抓住了他们的感情，就可以牵着他们的鼻子，想去哪里就去哪里。假如我重返人间舞台，就请把世上最盛气凌人的男子交给我，只要我有充裕的才智和美貌，再加一点点爱，我倒想看看，能不能使他成为我的裙下之臣，听我随意使唤。

6　那不勒斯若昂一世女王和安瑟伦

若昂一世女王（1328—1382），又称安茹的约安娜，自1343年起为那不勒斯女王。她同时还是普罗旺斯和佛卡尔基尔女伯爵、马约卡王后和名义上的耶路撒冷和西西里女王、亚盖业女大公。1381年被废黜，次年被处死。与彼得拉克、薄伽丘等文人过从甚密。

安瑟伦，意大利音乐家、物理学家、天文学家。1824年，人们发现了他的音乐手稿，此前他一直无名。其生平未详，据说死于1443年，若属实，他则与乔安娜一世女王几无交道。

若昂（Joan queen of Naples）：什么！你什么都不能提前告诉我？莫非你完全忘记了你的占星术？

安瑟伦（Anselm）：你以为我还可以占星？这里既没有天，也没有星。

若昂：没有关系；我可以特赦你破例。

安瑟伦：想得美。给亡灵预知后事！请问，你想知道什么？

若昂：知道我自己的后事。

安瑟伦：那我告诉你吧！你现在是亡灵，以后还是亡灵。这就是我对你的预言。你以为我们在这里的境况会改变？

若昂：不会，这就是我的痛苦所在。尽管我相信再也不会遇到别的事，但我还是想，要是你能找到一个办法，预先告诉我一些后事，可能会悄悄转移一下我的痛苦。你无法想象，这是怎样的痛苦，没有未来场景可观，没有事件发生，天可怜见，这是多么可怕的预测。你能不能说点开心的话，减轻一下我的痛苦。

安瑟伦：看在你无尽的好奇心面上，我应该还是把你当成世间活人。世人都好奇，这是他们的本性。他们坐不住，不满足现在的样子。他们疯狂地期待将来的样子。可以肯定，我们这里的亡灵应该比他们聪明得多。

若昂：哎呀！世人难道就没有道理？现在只是一个时间节点，要是他们的目光止步于此，的确很难受：把期望的目光尽量延长，看到未来的一些东西，岂不更好？

安瑟伦：你知道会是什么后果？就像奢侈的继承人，他们按照希望和想象，从未来借了许多东西，当未来的那一刻到来，他们发现库存已空，再没东西可供挥霍；折磨他们的仍然是同样的焦躁不安。未来是世人面前的巨大陷阱，我们占星家最懂世人的弱点。因此，我们用大胆编造的故事逗弄他们，说星象有热有冷，有男有女；有些是吉星，有些是灾星，有些无所谓祸福，要看跟什么连在一起。所有这些故事在人间很流行，人们认为可以从中预知未来。

若昂：啊，真的是这样吗？那不就是一个美丽的玩笑。你帮我占卜过，你也不信自己的术业。

安瑟伦：你仔细听好——我们亡灵不会撒谎，老实告诉你吧，我赢得你尊重的占星术，完全是骗人的玩意儿。

若昂：抱歉，我不相信你的话。骗人的玩意儿！那你怎么能够预知我会结四次婚？这可能吗，稍有脑子的人会贸然结婚四次？我敢肯定，你是靠占星卜算的。

安瑟伦：与其说我是占卜星象，不如说我在占卜性情。一次预言的成功，证明不了什么。我可否带你去见一个亡灵？他会告诉你一个有趣的故事。跟你谦卑的仆人一样，他也是占星家，也极不相信占星术。但是，出于实验的缘故，他还是每天严格观察天体运行规律，预言了一些比你的四次婚姻更难猜到的事件。他所有的预测都准确应验，人们感到十分惊奇。他现在正与其他占星家一起，复盘他预测的依据。你知道他发现了什么？他只出了一次大错。只要他的计算结果是正确的，他就会预言相反的结果。

若昂：如果我相信这个故事是真的，我会感到遗憾，世人居然不知道这一点，没有发现占星家会是一群撒谎成性的吉卜赛人，一群江湖骗子。

安瑟伦：比这个恶劣得多的占星家故事，成百上千，但这个行当依然稳固。人们在有关未来的事物方面上当受骗，又不会要死要活。占星术有一种魔力，人们乐此不疲，即便到了世界的尽头。你看，多少人为这种希望牺牲过去和现在的一切。一旦这种希望落空，他们又会为了另一种希望牺牲别的一切。我们会认为，这是自然玩弄的恶毒骗局，把人类像小儿一样欺骗，让他们松手，丢掉手中的东西。他们从不在意当下的幸福。幸福是延期到未来的事物。似乎未来和现在是不同的制品，未来的品质就胜过现在。

若昂：当然不是这样。不过，尽管未来和现在并非不同的制品，但想象未来的品质胜过现在，还是一场美梦。

安瑟伦：这种美梦的后果是什么？我有一个寓言故事，三言两语告诉你吧。一个老实巴交的行路人，走得口干舌燥，见到一处泉水，就在泉边坐下，他没有立即狂饮一气解渴，他希望有更清澈的泉水流出。他原本只打算逗留一会儿，谁知预留的时间已过，泉水还是没有变得更清。"不会吧！"他大声说，"再等等"。你知道最后的结果是什么？这个路人守在泉边，眼睁睁地看着泉眼干涸，只好口干舌燥地重新上路。

若昂： 这正是我的写照；我相信这里的亡灵，在世之时，没有一个人在用尽自然赋予他的时光之前，生命会完全退潮。但成了亡灵之后呢？我相信还是有许多人，喜欢预知后事，喜欢抱有希望，乃至恐惧，喜欢有一个可以窥探的未来。按照你的说法，一个智者，就应该像亡灵一样，在其心目中，现在和未来没有区别。可这样一来，他不就像我一样痛苦吗？

安瑟伦： 哎呀！如果人的境况就是你以为的样子，那才简直是个笑话！人啦，生来就什么东西都渴求，却什么都没有享用；总是在行路，却没有终点。

7 苏莱曼一世和贡扎加的朱丽塔

苏莱曼一世（1494—1566），奥斯曼帝国第 10 位苏丹，也是在位时间最长的苏丹（1520—1566 年在位），兼任伊斯兰教最高精神领袖哈里发之职。

贡扎加的朱丽塔，意大利诺伟拉腊伯爵之女，丈夫是尼科洛·迪·阿科，有美人之名。1534 年 6 月，苏莱曼一世手下将领巴尔巴罗萨率领八十四艘船只组成的船队，前往君士坦丁堡，途中有几周时间，在意大利南部沿途遍寻朱丽塔，欲献给苏莱曼一世做礼物，未遂。

苏莱曼一世（Soliman）：啊！为什么在这里才第一次见到你？当初为了追求你，我可是费尽了一生的苦心。一想到把意大利最漂亮的美人收入后宫，我就热血沸腾。现在，我只看到一个转瞬即逝的亡灵，再也没有魅力，与其他亡灵没有两样。

朱丽塔（Julietta of Gonzaga）：以我美人之名起誓，你对我一往情深，令我感激不尽。这的确扩大了我的美名。我人生中最美的时光，都拜你所赐。我时常快乐地回忆起这些时光。记忆最深的是那个夜晚，巴尔巴罗萨奉你旨意，化身海盗，潜入我的住地卡耶塔，打我一个措手不及，逼得我仓皇出逃。

苏莱曼一世：既然追求令你开心，你为何要躲我？

朱丽塔：有人追求，我当然开心；但我更开心的是，逃脱你的追求。我的虚荣得到的最大满足，莫过于想到，幸福之王苏莱曼一世的幸福，系于我一身，他那美女如云的后宫，都在传颂我的芳名。不过，我却不想与你成婚。你的后宫，只有在渴望入宫的女子眼里才有魅力，对不愿入宫的女子来说，一点不稀奇。

苏莱曼一世：我现在知道你为什么怕。你是怕难以应付太多的对手。也许你是怕，那么多的美女，你只不过是我后宫的点缀。

朱丽塔：我是怕做你的奴婢！——到了这里，你可以随意用花言巧语指控我。

苏莱曼一世：我的后宫还有别的可怕之处？

朱丽塔：你这样的苏丹，刀枪不入的虚荣，简直让我无法忍受；为了炫耀你的辉煌，我不知道，你的后宫锁了多少美女，大多数你也闲置不理，却又让她们与世隔绝。你想，谁能够忍受这样的情人，他的爱情宣言，就是金口御言；听到绝对权威的口吻，谁不会深深叹息？不，我根本不适合你的后宫，你大可不必自找麻烦，到处找我，因为我绝不会成就你的幸福。

苏莱曼一世：你怎么如此肯定？

朱丽塔：因为我肯定你绝不会令我幸福。

苏莱曼一世：我没有想过这个后果。我会不会令你幸福，这有什么关系？

朱丽塔：天啦！爱情中，只想自己幸福，却不给对方回报，你觉得这可能吗？你觉得有不需要与人分享的独乐吗？我们可以独自享用，不需要赠予他人？哎！这样的感情，令每一个善良的人都胆战心惊。

苏莱曼一世：你知道，我是土耳其人；如果我不是那么友善，是可以原谅的。但我认为，我也不是那么错误。你刚才不是严厉谴责虚荣吗？

朱丽塔：是的。

苏莱曼一世：渴望令他人幸福，这难道不是虚荣的行为？不同意单方面给出的幸福，而是要有条件的互惠，这难道不也是难以忍受的傲慢？我这样的苏丹就谦逊多了。他从如云的美女身上获得愉悦，却从来不夸耀自己给了她们任何快乐。不，你不要笑，其中的理由比你想象的牢固。你认真想想，研究一下人心，你会发现，你如此看重的这种友善，实质上是一种惩罚；因为人们鄙视欠人情。

朱丽塔：既然这样，那我承认虚荣是必要的。

苏莱曼一世：你怎么变了？你刚才不是严厉谴责虚荣吗？

朱丽塔：是的，我刚才严厉谴责的是一种虚荣，我现在完全认同的是另一种虚荣。想象人性中的善恶相连，要根除人性中恶的成分很危险，这对你来说困难吗？

苏莱曼一世：照这样说，就无从知道从哪里下手，修补人性。请问，总体来讲，我们必须怎么看待虚荣？

朱丽塔：达到了某种程度，它就是恶；还没有到那程度，它就是善。

8 帕拉克尔苏斯和莫里哀

帕拉克尔苏斯（1493—1541），瑞士医生、化学家、江湖骗子。大半生研究魔法和炼金术。1526 年，成为巴塞尔大学医学教授，聚徒搞"发明"，研究长生术。

莫里哀（1622—1673），法国喜剧家、演员、戏剧活动家，法国芭蕾舞喜剧的创始人，代表作有《无病呻吟》《伪君子》《悭吝人》等。

莫里哀（Molière）：单看你的名字，我会喜欢上你，帕拉克尔苏斯！我以为你是希腊人或罗马人，想不到你居然是瑞士哲人。

帕拉克尔苏斯（Paracelsus）：我已经让这个名字既优雅，又闪亮。对于那些想了解自然的秘密，尤其是那些想洞悉关于精灵或原生生物的崇高知识的人，我的著作是精彩的指南。

莫里哀：我很清楚，那些是真正的科学。认识我们每天看见的人，这算不了什么，大家都能做到。但要认识谁也未曾看见的精灵，这完全是另一回事。

帕拉克尔苏斯：的确是这样。我已经以最精确的方式，开始认识它们的本性、用途、爱好、地位以及在世间的能量。

莫里哀：你是多么幸福啊，获得那些神奇的知识之光。完全有理由相信，你知道与人类有关的一切；许多人根本不可能达到这一步。

帕拉克尔苏斯：嘘！哪怕一个微不足道的哲人，也精通许多那样的知识。

莫里哀：我相信你的话。不过，我想问，关于人类灵魂的本性、功能以及它与身体的统一，你没有任何疑惑之处？

帕拉克尔苏斯：嗯！说实话，关于这些东西，不可能没疑惑。直到世界终结，依然有一些难点。但你知道，一个人可以尽量了解，正如哲学能够教他。

莫里哀：你可以尽量了解更多吗？

帕拉克尔苏斯：不能。那还不够吗？

莫里哀：够了。别介意。如此说来，你是跳过了还没有研究透的人，就去研究精灵？

帕拉克尔苏斯：精灵身上有些东西，更加激发我们天生的好奇心。

莫里哀：哎，这是难以理喻的，还没有研究透人，就去研究精灵；看到缥缈的东西——它们转移了我们的注意力，让我们感觉困惑——成为科学研究的对象，人们还以为，人的理解力已经穷尽了万物。可以肯定，还有一些实物，只要乐意，人的理解力还是会发现自己有足够的用场。

帕拉克尔苏斯：人心天生就贬低简明的东西，追捧神秘的东西。只有神秘的东西，才能激发其全部的力量和活动。

莫里哀：那就更糟了，你说的对人心根本无益。真理主动向人心投怀送抱，因为真理是简明的东西，可是人心不认识她，反而把可笑的神秘之物误认为是她，说白了，只是因为这些东西很神秘。我相信，大多数人不研究数学，不观察星体，不探究天灾与某个时期，尤其是革命时期的关联，假如他们认为宇宙的秩序本来就神秘，就不会忍受别人说宇宙秩序惊人的简明。他们会问，这是真的吗？就这么简单？

帕拉克尔苏斯：你在嘲笑神秘的东西。它们太深邃，你看不透；它们只留给有大才的人研究。

莫里哀：我对不理解这些神秘之人的尊重，远胜于对理解这些神秘之人的尊重。这正是人间的不幸，自然没有办法让所有人都不理解这些神秘，也就是说，没有办法让所有人足够明智，把这些神秘当子虚乌有加以拒斥。

帕拉克尔苏斯：你在这里就如此断然地下了定论！请问，你生前从事什么？

莫里哀：我与你大不同。你研究精灵的美德，我研究人类的愚昧。

帕拉克尔苏斯：说真的，很好的研究。可是，人会做无穷的傻事，这不是众所周知的吗？

莫里哀：大体上都知道，可总是稀里糊涂。我们应该从个案入手，就会惊讶地看见，这门学问是多么广博。

帕拉克尔苏斯：你研究这门学问有何用？

莫里哀：我每到一个地方，尽量搜集一件件愚行，尽量把人找来，当面向他们展示，他们就是一群蠢驴。

帕拉克尔苏斯：你肯定用了惊人的理由说服他们？

莫里哀：没必要。这是世上最容易的事。不用引经据典，不用小心求证，就能说服他们。他们的行为如此可笑，你只需要当面模仿，你就会看到他们情不自禁哈哈大笑。

帕拉克尔苏斯：我现在明白了，你是一个喜剧家？说真的，我不懂人们为什么喜欢喜剧。他们去看戏，嘲笑台上人物的行为举止，他们为什么不嘲笑自己的行为举止？

莫里哀：要嘲笑世上的愚行，在某种意义上就必须与之保持一段距离。这些愚行也就成为舞台表演的对象，它们赋予观众一种客观的感觉，似乎不是其中的角色。

帕拉克尔苏斯：但一个人很快会再次与他嘲笑的愚行为伍，和以前一样成为其中的一部分。

莫里哀：很对。前两天，我在此根据这个题材创作了一篇寓言。一只幼鹅刚长出翅膀，拼命地扑腾，想飞起来，最终飞了一尺高。这个骄傲的小东西在空中停留了一会儿，就羞辱地面上的小伙伴："啊！你们这些可怜的家伙！"她说，"我看见你们在我身下爬行；不知道像我这样御空飞翔！"话音刚落，这个说大话的小东西就掉了下来。

帕拉克尔苏斯：既然喜剧帮助我们做的反思，就像这只幼鹅一样在空中飞了片刻，马上回到原形；假如愚行不改，反思又有何用？

莫里哀：嗯！嘲笑自我毕竟是一件大事。造化在这方面给了我们神奇的能力，防止我们成为自己的泡沫。我们经常看到，一类人总是急着行动，另一类人总是袖手旁观冷嘲热讽。甚至还可能看到第三类人，他们会嘲笑前两类人。人类现在看起来不就是由一群鱼龙混杂的疯子组成？

帕拉克尔苏斯：我认为这些都不需要太多的思考。片刻的反思，点滴的快乐和骄傲，往往不合时宜，不值得多少尊重。你看，那些更崇高的题材，需要多少反思去对待？

莫里哀：你还是回去研究你的精灵，我还是继续研究我的愚人。不过，既然我毕生的精力都放在这些习以为常的题材上，我可以对你预言，我喜剧的生命力将超过你的大作。一切都受时尚的左右。精神的产物，与服饰的命运一样。我看到，多少书籍文章，与作者一道泯灭。正如在有些国家，它们与逝者同葬，与逝者生前最喜欢的物品同葬。我十分清楚，文字的帝国里可能会发生什么革命，尽管如此，我依然向你保证，我的作品会永恒。我告诉你原因吧，为文欲永恒，必得写愚人。

9　玛丽·斯图亚特和大卫·里奇奥

玛丽·斯图亚特（1542—1587），以美貌著称，先嫁法王弗朗索瓦二世，成为法国王后；弗朗索瓦二世驾崩后，回到苏格兰亲政，世称玛丽一世。1567年王位遭废黜，次年起被英格兰女王伊丽莎白一世囚禁达十八年之久，最后以企图谋杀伊丽莎白一世的罪名被处死，享年45岁。

大卫·里奇奥（1533？—1566），意大利都灵人，以乐师身份入苏格兰宫廷，后成为玛丽女王的秘书、心腹和面首，最终遇刺身亡。

里奇奥（David Riccio）：不，我死不瞑目。

玛丽（Mary queen of Scots）：可我认为，这样的死法，对一个乐师来说，已经很体面。苏格兰宫廷的王公大臣，乃至我的国王夫君，都被逼联手害你。处死世上最伟大的君主，都没有见这么大动干戈。

里奇奥：我这么一个可怜的乐师，为生活所迫，离开意大利，来到苏格兰，从未想到，死得这么壮阔。让我做一个你的乐手，默默地消磨一生，也好过你提拔我为邦国重臣，早早断送性命。

玛丽：我从未料到，你是这么愚蠢！让你每日单独陪我用膳，难道这是微不足道的尊荣？相信我，里奇奥，这种恩宠无损于你的声名。

里奇奥：不，我知道，我全部的错就在于，要求我付出生命，才能承受你日夜的恩泽。哎！那天，我像往常一样，正和你一起用膳，看见国王进来。他带来的那个精挑细选的刀斧手，生来就是苏格兰最可怕的人，因为长期患有三日疟，面目更是凶神恶煞。我不知道他动手砍我没有，反正据我所知，我只看了他一眼，就吓死过去。

玛丽：为了纪念你，我把你葬在苏格兰的皇陵。

里奇奥：我的天！我的尸身与苏格兰历代国王同葬？

玛丽：是的。

里奇奥：我从没想过如此幸运，真的，我第一次听说。——可怜啊，我的琴！我只有弃你而去，以操心邦国大事为乐。

玛丽：看，你还在抱怨！——你现在知道吗，我死得比你悲惨一千倍？

里奇奥：也许是吧。不过，你注定人生会有可怕的反转；而我呢，生来就穷苦，原本指望善终。造化把我安置在世间最适合的位置，默默无闻，身无分文，除了尚可的歌喉和几分琴才。

玛丽：你心心念念的还是你的琴。可是哎呀！除了最后不幸的那一刻，你在此前享受了多少快乐日子？假如你只是区区一个乐师，你会怎么办？那只意味着，命运很快就会厌弃你。

里奇奥：不，我会寻找身内的幸福。

玛丽：呵呵，你是一个傻子。你在这里已彻底傻了，是不是因为迂腐的反省，还是成天与哲人的亡灵为伍？人会在自身找到幸福，这可能吗？

里奇奥：只要相信，就可能找到。意大利的一个诗人描写过一座施了魔法的城堡，那里相爱的人永远在热烈和骚动中相互追求，他们时刻相遇，却不知道遇见的是对方。人类的幸福，就有这样一种魔力：人们总想追求幸福，却从来没有意识到幸福就在身边；幸福千万次主动向他们投怀送抱，他们还是要去很远的地方寻找。

玛丽：丢掉你那一套道德说教和哲学观念！如果除了我们自己，没有什么能令我们幸福，试问，借助理性，不辞辛劳地追求幸福，这符合我们性情吗？

里奇奥：为什么不呢？幸福值得那般辛劳。

玛丽：这是没有意义的辛劳，幸福绝不会与之并存。一旦我们觉得需要辛劳才能幸福，我们就不再幸福。如果一个人觉得，身体的各个部位需要辛劳才能维持运转，你认为他健康吗？不会。幸福如同健康一样。只有不把幸福寄托于任何事物的人，才会有幸福；如果有一种幸福，理性可以生产，它就像要靠养生和药物的效力才能维持健康，这种效力总是非常微弱，非常不稳定。

10　第三个冒名德米特里乌斯的骗子和笛卡尔

十七世纪初,先后出现了几个骗子,冒充沙皇伊万四世(1530—1584)的儿子德米特里乌斯。第三个骗子是一个名叫西多尔的教堂执事。他冒名之后获得了普列斯科夫(Pleskow)的领土地位,谎言被戳穿后遭当地人驱逐,1613年在莫斯科被处决。

笛卡尔(1596—1650),法国哲学家、数学家。

笛卡尔(Des Cartes):我对北欧的认识,应该和你一样熟悉;我大半生就在荷兰搞哲学,最后死在瑞典的时候,已是一个前所未有的大哲。

骗子(The third false Demetrius):听你这么讲,你的人生真够美好!专心搞哲学!我就没有这样好的条件,一生岁月静好。

笛卡尔:你还是感谢自己的愚蠢吧。你脑子进了什么水,想要成为俄国沙皇,并为此采取行动。你装成是王位合法继承人德米特里乌斯(Demetrius)王子,可你眼前明明有了两个"榜样",他们装成德米特里乌斯,遭人揭穿,惨死收场。你肯定煞费苦心,设计了新的骗局。否则,还是别人用过的老一套,绝无可能成功。

骗子:看在朋友的份上,我跟你说实话,俄国人并非世上最聪明的人；他们疯狂地想仿效古希腊人，只有上帝知道在什么地方相像。

笛卡尔：可是，尽管他们是著名的酒鬼，他们还是难以忍受，连续上三次骗子的当。不会的。你开始假冒德米特里乌斯，我敢打赌，他们会立马带着不屑的口吻叫道："什么！又来了一个骗子？"

骗子：我才不管这些。我还是搞成了一场盛大派对。德米特里乌斯这个名号太受人喜爱，人们络绎不绝慕名前来，你知道都是些什么人。

笛卡尔：请问，前面两个骗子同行的悲惨下场没有吓倒你吗？

骗子：恰恰相反；前面两个骗子功亏一篑之后，这次敢于现身的必定是真人，相信这一点不是合情合理的吗？所以，他们先入为主地认为，我就是真的德米特里乌斯。

笛卡尔：假如你是第一个冒名顶替的骗子，你怎么有胆，你明明知道，你没有足够可能的证据，支持自己的标榜？

骗子：且慢，我来问你，在这里，谁会有那么多问题？谁会那么难以满足？你怎么胆敢声称，自己开创了新的哲学，包含了此前未知的所有真理？

笛卡尔：我发现了许多新的东西，足以让我自信声称它们是真理，可以开宗立派。

骗子：你难道就不怕，你也和以前的许多哲人一样，自以为学说根基牢固，结果发现还不是哲学骗子？只要乐意，我可以给你列一长串那样的哲学骗子，可在我之前，假装德米特里乌斯的只有两个骗子。我这类骗子，算上我才三个，骗的只是俄国人；你那类骗子，成百上千，骗的可是全人类的信仰。

笛卡尔：你知道自己是假的；而我呢，只有我真正相信的，我才发表,我不会随便相信表象。我一辈子都没放弃我的哲学。

骗子:那又怎样?你对自己的哲学这么认真,还不是需要世人的肯定,认可你是一个幸福的人,最终找到了真理。每一个新出现的哲人,都宣称自己找到了真理;这样的例子太多了,世人早就厌倦;当新的哲人登场时,我想众人会大叫:"什么!又来了一个骗子。"

笛卡尔:我得告诉你,假如人们总是上哲人诺言的当,这不是没有道理。一些小小的真理不时会被发现,尽管不重要,还是可以供人消遣。但是在哲学的深海,我承认,很少取得任何进展。我甚至相信,一些意义重大的问题,我们有时找到了真理。遗憾的是,我们不知道我们找到了真理。请允许我这样一个亡灵妄言,哲学其实就好比一场儿戏:一个小孩蒙上眼睛,去抓其他小孩;假如抓住一个,他必须说出对方名字,说不出来,就得放人,继续追逐。追求真理也是同样,我们哲人的眼睛都蒙得严严实实,我们尽力想抓住真理,可是出于什么目的呢?我们没有足够的理由说服对方,抓住的就是真理,所以就在踌躇的那一刻,真理又从我们手中溜走。

骗子:照你的说法,很显然,真理不是为我们而生;你最终会看到,人们并不是那么想要找到真理;他们会灰心丧气,不再玩这游戏。

笛卡尔:我敢保证,你是一个虚假的先知。对于一旦迷恋的东西,人类有着不可思议的勇气:每个人都自信地认为,别人都遭拒绝的某样东西,只是为他而留。两万四千年后,你还是会看到有哲人出来宣布扫除了三万年来主宰世界的一切谬误,你还是会看到有人会相信世界刚刚张开眼睛。

骗子:哎!既然我在生前装成第三个骗子去欺骗俄国人,就有无穷的风险,难道你们欺骗了三万次人类之后,继续想欺骗人类就毫无风险？如此说来，人类岂不更傻。

笛卡尔：在追求真理这件事情上，人类的确是这样傻：他们疯狂地追求真理，正如俄国人疯狂地追求德米特里乌斯的名头。

骗子：好，如果我重返生命舞台，要是我再去假冒德米特里乌斯，就让我毁灭吧；不，我要去当哲人。可是，假如人们厌倦了哲学，最终绝望地坐下来，不再追逐真理，我该怎么办？我很怕这一点。

笛卡尔：你假冒德米特里乌斯，更有许多理由害怕。你放心好啦，人类不会真心指望找到真理的。找到真理，今人也并不会比古人快乐，但希望找到真理，古人和今人是同样的快乐：这种希望再虚妄，毕竟还是快乐的东西。假如古人和今人都没有权利享受真理，他们至少都有权利享受同样的谬误。

11　瓦伦蒂诺公爵夫人和安娜·布伦王后

瓦伦蒂诺公爵夫人（1499—1566），亨利二世情妇。她与亨利二世开始有染时已经 38 岁，亨利二世驾崩时她差不多 60 岁。她是否为了父亲的恩宠地位，才成为弗朗索瓦一世的情妇，史学界对此存疑。

安娜·布伦王后（1507? —1536），亨利八世的王后之一、女皇伊丽莎白一世之母。1536 年，安娜王后的几个有头有脸的情人遭逮捕，安娜王后本人也以通奸罪名（其中包括与自己兄弟通奸）被关进伦敦塔。1536 年 5 月 19 日被斩首。

安娜王后（Anna Bullen）：我羡慕你的好运。你的父亲似乎是故意要让你走运，才不惜铤而走险。他被判杀头，你去求国王开恩。一个美人，去求一个年轻君王，哪有不答应的道理；就这样，你悄无声息地成了弗朗索瓦一世（Francis I）的情妇。

瓦伦蒂诺公爵夫人（Duchess of Valentinois）：我最大的好运，是因为要尽女儿的孝道，挽救父亲的性命，才卷入了恋情。这种冠冕堂皇的借口，或许很大程度上掩盖了我风流的习性。

安娜王后：随后发生的事情很快就显露了你的习性；你的风流，危险程度远远超过了你的父亲。

瓦伦蒂诺公爵夫人：没有关系。一段风流韵事，开局最重要。世人都知道，一步先，步步先。因此，唯一重要的问题是，谁来优雅开局。我现在的确自豪地认为，当命运把机会给我的关键时刻，我的行为并非不恰当；在历史上，我不会被当成才智平庸的情妇。位高权重的蒙莫朗西公爵（Montmorency）是三朝元老和心腹，世人就认为他特别不得了。我可是两任君王的情妇，我觉得我比他更了不得。

安娜王后：我不否认你很聪明；但很抱歉，我必须说，我比你聪明。你只是长期受宠的君王情妇，我却被立为王后。君王只要动心，他会给你关爱，他又没有任何损失；要是他立你为后，那是他万不得已，走投无路。

瓦伦蒂诺公爵夫人：可是，情人之间的爱欲，需要不停的浇灌，才能保持生机。一旦缔结了婚约，就免却了继续浇灌的麻烦。情欲没有得到满足，就容易激怒；激怒起来的情欲，同样难以扑灭。总之，你大可无所事事，只需严厉拒绝浇灌；而我呢，要不停地找些新鲜乐子。

安娜王后：你的理由的确有说服力，我只好对前面所言补充一句，我当上王后，不是因为我很有美德。

瓦伦蒂诺公爵夫人：我一直受宠，也不是因为我的忠贞。

安娜王后：我再给你透露一点吧，我既无美德之实，也无美德之名。

瓦伦蒂诺公爵夫人：你大可不必告诉我，因为在我看来，名声就等于美德。

安娜王后：我认为，你没有理由把自己干的那几件奸情算成自己的功劳，尽管它们貌似都非常隐秘。它们无助于增加你的荣耀。英王开始爱上我的时候，熟悉我风流韵事的大众不会为我保守秘密，其实我已不在乎声名。

瓦伦蒂诺公爵夫人：只要我愿意，我也可向你证明，我对亨利二世（Henri II）不忠，我没有遮遮掩掩，我完全可以把这件丑事说成美事，但我放弃了。贞洁有亏，不妨掩藏，大不了也可修补。但青春有限，你又如何修补？可我做到了。我风流一生，受人宠爱，而且高寿。你呢，年纪轻轻，就遭砍头。我已经当了祖母，还有足够的本事保住我的人头。

安娜王后：我承认你击中了我的要害，再没有比之更大的耻辱。但不，我不能在年岁这一点向你认输，尽管这的确是你的长处。比起我的私情，年岁肯定不难掩饰。那个决心娶我的君王，我肯定让他的理智极度困扰。但对于总是相信你漂亮的人来说，你只需赢得他眼睛的垂青，让他的眼睛一点点地适应你容颜的变换。

瓦伦蒂诺公爵夫人：哎！你简直完全不懂男人的性情。只要我们在他们的眼里显得可爱，我们在他们的心目中就是我们想要的样子，即便我们没有美德，也可以在他们的心目中显得很有美德。所有的困难在于，如何尽量在他们眼中显得可爱。

安娜王后：我相信你说的话，我认输。可你得分享一下秘诀，你如何保持青春永驻？你可以相信我，你知道我是亡灵，不再能够从中渔利。

瓦伦蒂诺公爵夫人：真的，我也说不出所以然。不知不觉就完成了伟业，事后才大吃一惊，这样的情形太常见。你去问凯撒，他怎么征服世界？也许，他也会思索寻找答案。

安娜王后：你打了一个精彩的类比！

瓦伦蒂诺公爵夫人：这也是一个公正的类比。在我那样的年岁，要激发起爱欲，我需要凯撒大帝那样的惊人好运。最好的运气是，对于那些像他和我一样成就伟业之人，后人必定会把最可靠的方案和秘诀归于他们名下，对他们的纪念或许超过他们的应得。

12　费尔南多·科特兹和蒙特祖马

费尔南多·科特兹（1485—1547），西班牙殖民者，征服了墨西哥。

蒙特祖马（1480—1520），墨西哥阿兹特克最后一个国王。科特兹带领西班牙殖民者进入墨西哥时，蒙特祖马认为他是神，慷慨相待。西班牙殖民者在墨西哥扎下根后，科特兹囚禁了蒙特祖马，逼他向查理五世称臣效忠。1520年6月，阿兹特克人围攻西班牙殖民者，在科特兹的胁迫下，蒙特祖马走上城墙，向阿兹特克人喊话，结果被飞石击中，几天后去世。

科特兹（Cortez）：要承认这个事实。你们美洲人很愚蠢，看见西班牙人的大炮，就认为他们来自火地，看见他们的船只，就认为是海上飞行的巨鸟。

蒙特祖马（Montezuma）：我承认你说得对。但我想知道，雅典人智慧吗？

科特兹：废话！他们很智慧，堪为世人楷模。

蒙特祖马：很好。那你怎么看，僭主皮西斯特拉图斯（Pisistratus）用计夺回驱逐他的雅典城邦？他难道不是把一个女人打扮成人们所说的雅典守护女神密涅瓦（Minerva）的样子？他难道不是与他伪造的女神一起乘车招摇过市,她牵着他的手,对街边的雅典人喊道:"快来看!我把皮西斯特拉图斯带回来给你们,我命令你们接纳!"那些很有智慧的雅典人不就服从了这位僭主?因为他们绝对服从密涅瓦,看起来,密涅瓦已经用自己的嘴巴解释了她的意志。

科特兹:谁帮你获悉这一则雅典人的丑闻?

蒙特祖马:其实,自从我来到这里,我就一直在与几个亡灵的谈话中学习历史。总之,我要你承认,雅典人有时比我们更愚蠢。是的,我们美洲人没有见过船只,没有见过大炮,但见过女人;当皮西斯特拉图斯借助伪造的女神来征服雅典人时,他对那些雅典人的鄙视,胜过你们用坚船利炮征服我们美洲人时的鄙视。

科特兹:世人都曾上当受骗。他们会吃惊,大多数人还是会跟着有理性的人走。我还要说什么呢?大家都同意,有些特殊情况人不能预言,即使看见了,也可能逃过人的注意。

蒙特祖马:你能说这是偶然的,古希腊人总是相信关于未来的知识就关在一个地洞里,从那里咕咕地冒出?他们凭什么认为,月食之时,敲锣打鼓就能让昏厥的月亮苏醒?你觉得有多大的机会,有那么几个人敢于在人群中悄声说,那是地球的影子遮住了月亮造成的?我还没有说古罗马人呢,没有说他们邀请诸神在节日一起共宴,没有说他们那些神圣的鸡,其胃口决定了世界之都罗马的一切。总之,你不能因为一则关于美洲人的愚行就骂我蠢。在这方面,我不会跑到你们国家去争个短长,我只需让你看看古希腊罗马人的愚蠢。

科特兹:我承认有这些蠢行,但古希腊罗马人发明了各种文艺和科学,你们美洲人做梦都想不到。

蒙特祖马:不知道世上还有科学,这正是我们美洲人的幸福,否则,我们岂有足够的审慎,克制学习科学。所有不遗余力、免受邻人科学感染之人,都不会效仿那些希腊人。至于文艺,我们美洲人找到了替换办法,或许比欧洲文艺更神奇。你们学会了书写,自然容易书写历史;我们不知道如何书写,但也创造了历史。你们学会了在水中打桩,自然可以把桥建得坚固;我们完全不懂建筑,但也造出了桥。你应该记得,西班牙人在我们美洲发现了一些他们完全无从解释的神秘。比如,许多巨石,高高地垒在一起,他们完全不能想象,没有机器,如何做到。对这一切,你怎么说呢?我看不出,你已非常清楚地证明,欧洲人比美洲人文明。

科特兹:任何区分了野蛮和文明的事物,都已充分证明,欧洲人比美洲人文明。我们受文明统治,暴力已遭驱逐;权力受到正义的节制;战争必须符合法理。我给你展示一下我们是多么审慎:只有严格省察美洲是否属于我们,最终得出肯定答案之后,我们才踏出征服你们的第一步。

蒙特祖马:无疑,这是我们野蛮人永远配不上的文明。我想,你们欧洲人之间也是这样公正和文明,行事风格也像对我们一样审慎。谁要是剥夺了欧洲文明的外衣,谁就是把她变得像美洲一样。文明衡量着你们的步伐,规训着你们的言辞,渗透入你们的话语,左右着你们的行动,但却没有进入你们的心灵。本应出现在你们计划中的一切正义,只见于你们的借口。

科特兹:我们对人心又不负责:我们只看人的外表。一个丧亲之人,得到大笔遗产,穿着黑色丧服,他就悲痛万分吗?或许一点也不;倘若不穿丧服,他就违反了理性。

蒙特祖马:我知道你说的意思。支配你们的不是理性,但理性至少可以提议,事情该怎么做。比如,理性提议,丧亲之人应该哀悼逝者;他们接受了,为了表示承认,就穿上丧服。这些礼

节没有别的用途,只是表明理性有一个权利,你并不认为,由理性来做抉择是应该的。你不是在做合理的事,你只是代表了应做的事。

科特兹:那不就够了吗?我们身上理性的力量本来就很少,在我们的行为中,她又不能代替任何东西,提醒你,她应该在那里。

蒙特祖马:你们认为理性是没有用,让我想起在这里听说的一些希腊人,他们认为自己的祖制没有用,就前往托斯卡纳定居,在他们心目中,这是一个野蛮的地方,但渐渐地,他们完全融入了当地的习俗,也就忘记了自己的祖法。我不知道他们变成野蛮人之后是不是后悔,反正他们定了一个日子,每年相聚,一起诵读他们不再信守,也不明白的祖法。他们边读边哭。道别回家之后,他们又欢天喜地恢复当地的生活习俗。这些人和希腊文写的祖法的关系,就如你们与理性的关系。他们知道这些祖法还存在,会偶尔谈起,可就是没有效力,不过,他们还是为之表达了遗憾;可你们呢,已经放弃了理性,却一点儿不遗憾。看起来,你们业已习惯,认清了理性之后,就弃之如敝屣。

科特兹:照理说,理性认得更清,人们至少能够更好地追随。

蒙特祖马:只有在这一点上,我们甘拜下风。天啦!我们碰巧没有船,坐着前去发现你们欧洲大陆,我们碰巧没有做出定论,欧洲大陆属于我们!我们至少应该有同样的权利去征服你们欧洲大陆,就像你们征服我们美洲大陆一样。

附 录

丰特奈尔与启蒙运动

阿尔伯特·萨罗蒙 撰

  一个人，若与所处的时代保持批判的距离，赞美他所愿意生活于其中的一个过去时代，这再自然不过。启蒙时代，受到后来不同时代之人的追捧，原因很多。半个世纪前，保罗·瓦雷里（Paul Valéry）表达了他对启蒙时代的向往，因为可以结识丰特奈尔、孟德斯鸠、狄德罗和达朗贝尔（D'Alembert）。这其实是瓦雷里对自身时代的反应，他忧心世人会日益成为专业的社会技工，丧失共同的价值观念，他预言即将到来的是科技暴政的时代。他认为，与自己所处的时代不同，十八世纪的启蒙时代是一个和谐稳健的时代：

>   那时的欧洲可能是最好的时代。专制者与自由论者相互制衡。真理保持中道。物质和能量还未直接主宰一切，尽管它们的力量已经被间接感受到。科学长足发展，技术日新月异，宗教仍然保留。僵化思维和异想天开，并行不悖。

  如今，又过了半个世纪，人们对启蒙时代的赞美，又多了一些理由：许多正统观念、狂热信仰或先入之见，无论属于激进还是保守、关乎哲学还是科学、听上去精巧还是愚蠢，都需要启蒙性反思；汤因比的遁世观念，逃离理性，遁入各种行为主义和存在主义；有些方法和观念，其首创者成了崇拜的偶像，我们已习以为常。在今日非理性的思想和行为模式泛滥的时代，渴慕启蒙警醒，赞美启蒙时代，恰逢其时。

"启蒙运动"这个术语是一个历史范畴。它指的是渗入西方世界十八世纪生活的一种心态。按照康德的定义，启蒙运动是人类脱离加于自身的不成熟状态。他在赞美弗里德里希大王（Frederic the Great）的时候说：

> 一位君主，恰如其分地懂得，其职责不是规定子民做种种宗教事务，而是给予子民自由，拒绝仰人鼻息，他就堪称受过启蒙的君主。他解放了子民的良知，邀请他们运用自身的理性，因此应该受到赞美。

十八世纪的思想家、统治者、神学家、科学家、立法者和道德家，都共享这种心态。他们坚定相信，必须向无知者传播科学和哲学的成果，帮助他们从传统的惯性和偏见的权威中解放出来。各国的君臣都竭力建立开明的军国。弗里德里希大王和约瑟夫二世（Joseph II）是其中最杰出的代表，将启蒙理性灌注于立法、司法和行政机构。他们相信，理性的真理会铲除人们赖以生存的非理性的偏见，特别是那些深植于宗教信念的偏见。

启蒙时代的哲人邀请同胞有学习和认识的勇气："敢于知道！"这是一份批评的邀约，是一份温和的劝告，理性地审视理所当然的东西。为了掌握因果和规律、动机与反应，来自不同地方的人汇聚于沙龙、书房或实验室。那些致力于向无知之人传播这种新哲学的哲人，其行为即为"启蒙"。

作为一个历史范畴，"启蒙运动"有时间上的始点和终点。

丰特奈尔在1683—1684年发表的早期重要著作《亡灵的对话》，洛克1690年问世的《政府论》，可以被视为启蒙运动的始点。启蒙运动的终点，日期更明确，1793年11月10日，罗伯斯庇尔将巴黎圣母院变成理性的神庙，这一天标志着启蒙运动的末日。

"启蒙运动"是历史的理想类型。尽管如此，但其价值，历来还是有争议，因为其价值视域中存在极为主观的成分。时至今日，启蒙运动对一些人来说是诅咒，对另一些人来说是赐福。正是这个原因，从方法论而言，为真正的历史现象建构不同的观念，可能是必要的。我们且把这些真正的历史现象称为理想的形象。理想的形象，是对理想的哲学、政治、完人的具体而生动的表现。它们的选择，与其说是危险倒不如说是主观地对历史理想类型的建构。启蒙时代的真正代表，可能是丰特奈尔或孟德斯鸠，狄德罗或霍尔巴赫，爱尔维修或达朗贝尔。他们都是同样受过启蒙之后态度的形象，认为理性之光是解放性的力量，摆脱传统的信念、偏见和迷信。

1

我选择丰特奈尔作为启蒙运动的理想形象。这份献礼，在1957年加以强调，更加切合，因为这既是丰特奈尔诞辰三百年，也是其忌辰两百年。如此看待丰特奈尔，我有他同时代，但比他年岁稍小的两个权威为证，他们都赞美了他宣扬笛卡尔世界观之功。达朗贝尔在《启蒙运动的纲领：〈百科全书〉序言》中提到丰特奈尔时写道：

> 关于科学的书籍，似乎引起了一向只对文艺感兴趣的大众读者的注意。我们国家很长时间以来高兴拥有的一位值得

尊重的作家……教导博学之士，要摆脱迂腐的羁绊。他有点化之功，能把玄奥的思想讲得明明白白，以精确、清晰和有序的方式传递给常人理解。他甚至大胆地采取与哲学看起来毫不相干的文艺的手法来表达哲学思想。他大获成功，证明了他的敏锐创新是有道理的。在普及哲学思想方面，他的声誉和成功，无人可及。

爱尔维修在谈到十八世纪的心灵时，提到丰特奈尔在培育启蒙精神方面起到决定性的作用：

丰特奈尔出现之前，大多数的博学之士，一旦抵达科学成就的高峰，就发现自己与世隔绝，与他人断绝交流……丰特奈尔最早在科学和蒙昧之间建立一座桥梁。

选择丰特奈尔作为启蒙运动的真正形象，还有比其同时代人证词更重要的理由。他是一个敢为人先的作家，普及哲学思想，激发批判精神，重审关于上帝、世界和人在自然中地位等传统观念。丰特奈尔信奉笛卡尔的学说，但研究笛卡尔的学者知道，他既有贡献，也有背叛。他的科学理论和历史哲学是对哲学人类学的原创贡献。他是第一个笛卡尔主义者，反对精神始终不变的观念，认为精神是不断进步的，有其自身的历史。关于人类的境况，他把哲学的乐观主义融入了蒙田的悲观主义。我们应该重读丰特奈尔，因为他的一些基本思想与我们时代生命哲学的某个特别方面息息相关。他是启蒙运动的形象，不是一件博物馆里的藏品，在这个或那个百年庆典的时刻拉出来除灰。与所有真正的哲人一样，他的作品既属于历史，也超越历史。同样，启蒙运动的历史精神，也是永远的哲学启蒙的一部分。

我们应该铭记丰特奈尔，还有另一个原因。他给我们展现了哲学生活在教会和政治主导的时代中的形象。尼采赞扬他是贵族时代最后的思想家，谙熟隐微写作在思想一统的世界里是必不可少的。尼采或许也会说，歌德也意识到，在资产阶级时代，他不会把自己在漫长的人生中获得的可怕真理全都一股脑儿地抛给大众读者。

丰特奈尔差不多整整活了一百岁。他生于1657年2月11日，逝于1757年1月9日。他刚出生时，医生发现他体质衰弱，觉得有必要让他父母做好心理准备，这个新生儿恐怕活不久。这番话后来激发起他对蒙田的喜爱。他特别推崇蒙田对医学的批评，认为这算不上一门真正的科学。丰特奈尔先天体弱，这对他的一生产生了持久的影响。在他所有朋友看来，他似乎极端自私。其实，他以自我为中心，不过是严格的自律罢了，为的是全身心投入工作。作为哲人，他需要保持距离和内向；随着社会地位的改变，他不得不有更多的社会交往，他就更需要保持距离和内向。

他的父亲属于法律精英阶层。他的舅舅是皮埃尔·高乃伊和托马斯·高乃伊。丰特奈尔天赋惊人，抱负远大。他渴望在文学上比肩两个著名的舅父，同时自立成为哲人。笛卡尔的革命性哲学令之迷醉。他虽然没有放弃文学上的追求，但其文学的追求最终还是回到哲学的落脚点。他早年写的牧歌，引导他对田园诗体进行了哲学反思，把社会学的方法引入美学，这是一种创举。他在1683—1684年间撰写的《亡灵的对话》，将哲学反思融入了亡灵对话这种迷人的文类。

在接下来的1684—1688年，丰特奈尔积极参与了哲学活动。他既是理论思想家，也是科普作家。他的《关于多重世界的对话》和《神谕的历史》都是畅销书，为他赢得启蒙运动先驱的桂冠。《寓言的起源》是对《神谕的历史》做的补充。他原本想将这两本书的内容和其他相关的文章合为一体，成为一本论历史哲学的专著，惜未如愿。这是特别遗憾的事，因为伏尔泰抄袭了丰特奈尔的有关思想，并加以庸俗化，剥夺他作为一个笛卡尔主义者对历史哲学的应有的独创性。

此后，除了继续写诗，丰特奈尔还研究数学问题、方法论和科学哲学。他对基督教会的分裂，提出了大胆的批评，差点为此陷身牢狱。1697年，他的兴趣再次转向。此时，他已出任法兰西学院常任院长，以此身份，他为法兰西学院撰写年度活动报告，每当著名科学家逝世，均由他致悼词。

终其一生的写作，背后都深藏着真正的笛卡尔的思想原则：深信哲学的焦点是推理方法。他用这个原则来检验笛卡尔，批评他屈从于形而上的诱惑。他视之为己任，把这种新方法运用于道德哲学和历史，审视历史的结构，揭开这种悖论——尽管人类生活是非理性的，但历史是可以理解的。对于一个信奉笛卡尔学说的人来说，这是敏锐和新颖的观念。丰特奈尔留下许多断章，表明他在努力区分，除了数学和逻辑概念之外，还有其他不同类型的概念。他深刻意识到，人们在建构历史过程和社会活动时运用的概念，有独有的特征，值得特别的考虑。丰特奈尔沿着前人——博丹和蒙田——关于历史方法的观念进行的反思，可惜在他的生前并未完成。

2

丰特奈尔最大的成功之处在于普及了笛卡尔的思想。作为笛卡尔思想的真正传人，丰特奈尔在《关于多重世界的对话》中发展了笛卡尔版本的哥白尼—伽利略的日心说理论。这本书至今令人感兴趣，是因为它以想象的方式讨论了多重世界的存在，这在当时实际上具有革命性的观念。如果多重世界是可能的,那么符合逻辑的推论就是,可能存在不同的宗教、哲学和价值观。当然,这也是蒙田《雷蒙·塞邦赞》中观念的普及。丰特奈尔选择普及这个主题,因为它暗示了世俗中人只要反思就会关心的所有问题。这个话题涵盖的问题包括人在世界中的位置、自然的意义、人的活动和受苦的意义。丰特奈尔诱导读者思考这些问题。来自上流社会的读者探讨这本书的观念,从书里的对话中获取追求真理的热情。在路易十四的时代,这其实是可贵的结果,因为那时对宗教和政治真理有严格的垄断,人人必须服从。丰特奈尔这部作品迅速助长了对于这个思想大一统国家的批判。

在普及笛卡尔的世界观时,丰特奈尔展现出一个忠实传人的品质,但在他自己的作品中,他大多数时候就变成了异端。他对笛卡尔思想的背叛,就在于这一大优点,把历史思维的视野引入一门坚持认为精神亘古不变的哲学。丰特奈尔挑战了笛卡尔这种理论,他认为精神有其历史,是一个时间过程,从原始社会逐渐上升到笛卡尔开创的科学时代。丰特奈尔先于洛克提出,经验是知识的根基。所有的哲人都继承了两种根本经验:一种经验是精神的渐进运动,另一种经验是思想和情感习惯的抵抗运动。这两种经验构成了哲学史的动力。

丰特奈尔把笛卡尔思想的传统和他新的历史视野结合。他是第一个阐明古今之中今人地位的作家,他的分析是更加革命性的分析,因为他最先认为这是一个历史视野的问题。丰特奈尔拒绝认为,古人身心都比今人强健。他认为,时间过程并没有担保的力量。他同意博丹和蒙田的观点,不同的地域对社会性质有不同的影响,但是,尽管他愿意承认地理和气候的影响,他依然认为,观念、技术和发明的交流,产生了平均化的效果,弥补了不同文明之间的差异。他认为,科学的哲人总是能够用历史和物理环境的总和来解释自然平等人类的个性。

这种科学的过程，使他看清一些人的错误，他们把古人的成就视为历史真空中理想的、绝对的和标准的善。他认为，把古人从历史的语境中剥离出来，当成崇拜的偶像，这是错误的。古人是奠基者，他们当然有理由赢得我们永远的感恩。但我们作为传人，已经有了长足的进步；我们学到了新东西，获得了更新、更好的方法。在古人的伟大观念面前，我们固然要保持谦卑，但我们没有理由把他们作为最高的权威加以效仿。

如果对历史过程做彻底的分析，我们会发现，历史一代代进程中，离不开今人和古人的联手。这是人类历史的自然辩证法，在我们从年少到成熟的生活过程之流中，我们改变了自身的社会角色。今日，我们是今人；明日，我们将成古人。在美学的领域中，丰特奈尔意识到，历史视角暗示了新的建设性的观念，反对古典美学的绝对主张。古希腊戏剧是完美的、不可超越的，这种观念滋生出了盛行于十七世纪的模仿论。丰特奈尔攻击这种古典理论是站不住脚的。假如古人活在一个理想空间，活在历史时间之外，这种古典理论也许站得住脚。可惜并非如此，因此，期待找到一个超越历史时空的戏剧的理想模式，是无意义的。因为完美是受历史条件制约的，希腊悲剧不可能作为理想加以模仿。今人有自己完美的戏剧经典，创造了新的文类，诸如小说、书信体和短篇。在所有历史时期，美学完美都是可能的。但它有特定的标准，切合于历史的参照物。不存在普遍的、正式的美的原理，可供任何地方模仿。

丰特奈尔在历史方法方面的开创性，最值得注意的地方在于他攻击笛卡尔的精神亘古不变的观点。对这一思想的反抗，是他对哲学的伟大贡献。精神，在其作为品味、价值观和社会规范的演变过程中，有其历史。按照丰特奈尔的说法，只有精神才有历史。人们通常所谓的历史、政治机构和社会地位的变迁，才应视为亘古不变。在历史时间之流中，它们既没有变化，也没有进展；人永远充满贪婪、悔恨、色欲和仇恨。丰特奈尔称之为人心是一样的。但他是第一个哲人，认为精神是进步的，他用自己的哲学乐观主义，抗衡关于人性特征的古典悲观主义。

丰特奈尔既是笛卡尔的传人，也是蒙田的传人。《亡灵的对话》见证了这两种师承的完美结合。"亡灵对话"是一种古老的文类，源于希腊化时期，旨在讽刺。丰特奈尔把这种文类与肃穆的哲学氛围相连。尽管揭露了人的麻木愚昧、自相矛盾和犹豫不决，丰特奈尔还是把最大的价值寄托在人的哲思能力。借助这种迷人的文学形式，丰特奈尔提供了一种严肃的人论，预示了哲学人类学的出现。

通过对话形式，丰特奈尔展现了伟大哲人与其论敌辩论的形象。哲人力求捍卫哲学的本质，反对各种机会主义和功利主义的主张。丰特奈尔笔下的哲人认为，哲学兴趣是人类独特的态度。只有哲人，通过哲思活动，超越了不断放大的有机体生命。献身于哲学的哲人，是真正客观公正的稀有典范。因此，时间之流中只有为数不多的几个哲人，因为大多数人都汲汲于物质追求。

《亡灵的对话》的一大主题，即为哲思与物欲的对立。丰特奈尔关心哲学的本质和自然的哲学。哲人超越了自然，对于这样一个敢于超越其指令的客观公正的哲人，造化会采取报复。造化孕育出有机生命，目的是生活。人是靠习惯和习俗生活，习惯和习俗是人的第二自然。哲思揭露了日常生活的虚空，与日常生命彻底无关。沉思使我们看到自然的秘密，就是让人屈从于感官和欲望，从而控制住人。哲人逃离了自然的主宰，他不再关心社会活动中的成功，因此，自然会仇恨哲人对她权力的挑战。哲学生活超越了自然的内在性，因此，自然对哲学生活发起了战争。她图谋将"哲学人"(homo philosophicus)转化为"劳动人"(homo faber)。后者把理性当成一种工具,用之实现和满足他生命和情感的需要。超越内在性,也是齐美尔在他晚期思想中表述的主题,用以反对柏格森。

"哲学人"的哲学态度,使之超越了社会环境,超越了自我。他受自己的理论视野统治,不知道在内心法令探索中它会指引他去哪里。哲人的自由变成了受哲学的奴役。丰特奈尔分析了哲人这种复杂而危险的状况。他笔下的笛卡尔是一个面目完全不同的哲人,这个笛卡尔同意苏格拉底的观点,自然主宰一切,思想者只占一个微不足道的地位。这个笛卡尔承认,尽管哲学的门类在改变,但哲学的内涵不变,他同意苏格拉底,认为人类状况语境中的哲学活动不会终结,不会走到探索的尽头。

抱有一线希望,这符合人的本性,符合哲人的本性。只不过,那样的希望受到哲学活动中怀疑思想的制衡:

> 我甚至相信,一些意义重大的问题,我们有时找到了真理。遗憾的是,我们不知道我们找到了真理。

哲学活动类似于蒙上眼睛的儿戏。蒙着眼睛的哲人有时抓住了真理,但叫不出它的名字,只好松手。哲人这种形象暗示了一个非常严肃的真理。众所周知,行动洪流中的人,特别是历史伟人,如凯撒,他们并不知道自己如何取得辉煌和成功;他们只好归结为好运。关于哲学和哲人,丰特奈尔有相同的观点。我们并不是作为哲人在思考,我们只是被哲学附体。这是人的伟大和痛苦,他被指引走向真理,服从哲学精神的主宰。反思人类境况中哲学态度的独特性,是《亡灵的对话》的基本主题。历来,哲人都很罕见,因为世人生来就不愿投入不偏不倚地追求真理。因此，精神进步的观念，与社会活动中关于人性的那种浓厚的悲观主义并不违和。

丰特奈尔分析了人类活动的方式。这些方式为人之情感在历史的进程中留下了位置。严峻的自然及其种种欲望，展示于一切的人类行为之中。一切社会地位表达的是人渴望承认的根本需要。人受制于对光荣的渴求，光荣满足了人的虚荣心。人假装有理想的动机，但这些不过是观念形态。在《亡灵的对话》最后一篇，征服墨西哥的科特兹宣称，他的行为合理合法，丰特奈尔对他的说法进行了冷嘲热讽。

一切人类动机都源于渴望满足自我实现和他人承认的需要。丰特奈尔力求证明一切理想动机的缥缈。他笔下的柏拉图在关于爱情方面径直否认自己是柏拉图主义者，深知身体需要与爱情不可分割。爱情是复杂的现象：灵肉彼此依存。精神纵然可以激发爱情，但爱情总会遭遇身体的激情。男女只有两条道路满足欲望：野心和爱情。这两种情感形状相似，都无穷无尽，都敞开了心愿和无穷的地平线。丰特奈尔嘲笑某位公主，居然相信找到了真爱，从此就心平气和。其实，欲念是没有尽头的。在情爱关系方面，人之愚昧最为显眼。

在《亡灵的对话》中，丰特奈尔描写了各种情爱类型，展示人与人之间亲密关系的非浪漫现实。首先是一种毁灭类型，为了追求快乐、幸福和受人崇拜，一个人极度自私和以自我为中心。苏格兰的玛丽女王为了色欲，牺牲了里奇奥，她不知道自己令情人异化，该为他的死负责。其次是一种徒劳类型。英格兰的童贞女王虽然言辞闪烁，但业已表明，她已超越了爱情的所有阶段，不再抱有期待，不再希求满足，她谨慎地表达了她对于性快乐是一场空的看法，她说，我们不应该详细审视爱情的快乐，因为这些快乐经不起详细审视，它们就像泥塘和沼泽，我们只有轻手轻脚地快速穿越，才有望回到坚实的大地。还有一种是暧昧类型。在《亡灵的对话》中，君王的那些著名情妇，相互交流心得，回忆如何俘虏她们愚蠢的情人，采取了什么成功之道。她们一致认同，审慎、美貌、才智是必要的手段，她们所谓的才智，其实是训练有素的心机，作为爱情的托词。她们不知道，自己到底是因为可爱，才沦为君王的情妇，还是自己渴慕征服和权力，才投身爱情。在这种危险的暧昧关系中，她们绝不低估机缘的位置。只要那些君王将她们的爱情游戏误以为真，她们就无生命之危。但是她们无一能够预测，在这场爱情喜剧的愚人的眼中，她们的可爱，会有多久长。她们无论多么审慎，无论多么美貌，都不能给她们安全。在这场男欢女爱的游戏中，爱情，无论真心还是假意，都是非理性的，胜败双方都只是愚人而已。

丰特奈尔的《亡灵的对话》展示了这种复杂的人类境况。归根结底，这都源于人立足于理想与现实这对立的两极之间。他刻画了各种荒唐的处境，揭示了社会活动背后占据主导的非理性动机，尤其是一些毫无意义的偶然事件，结果导致重大的历史灾难。历史大事，往往起因不明，结果诱使历史学家捏造事实，杜撰出所谓的严肃而重大的动机。丰特奈尔描绘了目空一切的查理五世，在与伊拉斯谟的对话中，查理五世夸口，无论在人间还是阴间，他都是统治者。为了戳穿他的虚荣，伊拉斯谟说，查理五世登上王位，与个人品德无涉；他之所以有此一切，完全靠的是联姻或祖传。但是，查理五世反驳说，这是一个人的命，你伊拉斯谟也应该想一想，你的才华也不是全属于你自己的，也是无数机缘巧合的结果。

丰特奈尔把人类的理想视为幻象，这是他终生不变的观念。幻象是虚构的，但在人类活动的过程中却具有现实性。无论个人还是群体，若要走向某种完美，幻象都是必要的前提。丰特奈尔认为，只有追求不可能的东西，人才能完成可能的东西。人总是在追求超越人世的幻象和精灵。他们总是失望和沮丧，但他们会从头再来，寻找新的理想。只有莫里哀没有上当，因为他用经验来验证了自己的哲学。即便所有的悲剧都消亡，莫里哀的作品依然会流传。"为文欲永恒，必得写愚人。"

丰特奈尔对于人类的境况并不吃惊。愚昧的人世不会在混乱中终结。造化孕育了"劳动人"，也为他配备了足够的审慎和本能，确保他的生存和延续。"自然在世间立的法有其自身的进程；别的不用多说，只想再强调这一点，自然从我们理性中得不到的东西，她会从我们的愚蠢中得到。"

人们其实不知道，他们行事的时候到底在做什么。凯撒不知道，他如何成就伟业，因此他将一切归于运气。往往，人们为某个特定目标而奋斗，结果得到的大相径庭。"一切都是未知数。看起来，命运急切地想表明，同样的行为可能造成不同的结果。命运喜欢捉弄人的理性，证明理性的脆弱。"

《亡灵的对话》是丰特奈尔哲学的缩影，尽管其中尚未阐述他发现的这个观点：精神是渐进成长的。但是，他的自然之流论，他的精神超越论，已经突破了他对人类愚行的泛泛分析。这种哲学是生命哲学，延续了蒙田散文的传统。《亡灵的对话》描绘了不停活动中的人，总是寻找一个目标，为了获得满足和得到承认。但是，所有人的宿命是，永远走在奔赴某个目标的路上，但绝不会抵达终点，永远无法获得满足和承认。

丰特奈尔关于幸福的篇章，也与他的生命哲学特别相关。与廊下派不同，丰特奈尔认为，只有在很低的程度上，幸福才依靠我们自身。通过思想锻炼，我们可以作一点贡献：借助对人多变性格的反思，我们能够摆脱想象的邪恶，摆脱走向痛苦的渴望，摆脱永远哀伤的冲动。但大多数人是不会幸福的，因为他们忙于获得或保持名声、财富和权力。幸福只属于少数人，他们生来节制、善良，听从良知的忠告，生活在现实之中，不会因为希望或恐惧而逃避进未来。这是蒙田借助哲学的修行而获得的理想的幸福。

丰特奈尔认真思考过，幸福是否就在于一些微不足道的善，如朋友之间的一席谈话，恋人之间意味深长的沉默，晴朗秋日的一次独自漫步，森林里的一场酣畅狩猎。这些都是吝惜的命运女神的礼物；大多数经历过的人事后都要后悔，他们没有将之算成赐福。但是，昙花一现的快乐不是幸福。快乐时刻之间的起伏，我们为了短暂的快乐而付出的痛苦，丰特奈尔从中获得了解决之道的暗示，符合他的科学和数学哲学。他发明了一种幸福的微积分，可以用来衡量我们快乐中的幸福量和我们痛苦中的不幸量。这种方法给了人做事的方向，给了他们衡量行为的尺度。

只有少数简单的善，才不包含痛苦的代价。这些是公认的永恒价值，如精神的宁静，朋友的信任，对学问的热爱。丰特奈尔总结说人类境况中最高的善是这样一种幸福：完全与自身和谐相处。但这种真正的幸福状态只能在一种情况下实现，而我们并不能掌控。在贫穷和腾达之间，人只能实现一种中庸状态的幸福。少数人获得了幸福，他们摆脱了世俗的诱惑，摆脱了欲望的勾引，摆脱了权力和贫穷之恶，这些是他们得以幸福的真正条件。在这个总结中，丰特奈尔显得是笛卡尔和蒙田的真正传人。

3

作为笛卡尔传人中的一个异端，丰特奈尔最大的贡献在于他的历史哲学思想。他在两个方向上做了突破。在《寓言的起源》中，他考察了精神成长过程中的一个阶段；在《神谕的历史》

中，他展示了人的理由，为何竭力阻止进步。他对于一连串不断进步的哲人的希冀，与他对于愚蠢暴民的恐惧密切相关。

《寓言的起源》是真正敏锐的开拓之作。这篇关于神话思维的文章，建立在丰特奈尔的精神成长走向科学时代的论断之上，是一种大胆的方式，走向象征形式理论。这篇文章的开头，比较了古希腊和美国印第安神话，两者都起源于精神蒙昧时代。与大多数的同代人不同，丰特奈尔认为，神话并不完全是虚构，而是真假混合。其中，真实的成分来自关于过去的记忆，虚假的成分来自口头传统中对过去的扭曲，或者来自想象的图片。神话，也就是丰特奈尔谈到的寓言，是精神原始时代的知识模式，是特定的因果模式，用超人的活动来解释自然的运行。

丰特奈尔认为，初民通过生活中积累下来的实际经验，得出熟悉的原理，用以解释未知的自然。为了解释未知事物，他们把这种原初的因果知识移用于神灵。他们按照因果方式进行思维，认为自然是诸神的超人活动的结果。这是知识的第一个阶段。诸神被构想成超人的形象；他们的特征充满力量、暴力和生殖力。他们被认为残酷、不公和无知。随着理性的进步，人们改变了诸神的形象；诸神被认为睿智、公正、仁慈和审慎。最后，神话思维构想出了哲学的神灵，神话转向历史思维，转向科学方法的解释和假定性的阐释。

丰特奈尔预示了我们时代的卡西尔（Cassirer）根据康德的前提而提出的一个视角。但丰特奈尔或许更深切意识到，随着科学思维的发展，神话思维的元素并不会完全消失，它们作为残余保留，对价值判断和哲学世界观发挥影响。丰特奈尔明确认为，神话思维和宗教思维是知识的自然现象，精神的演化由此循序渐进。丰特奈尔比伏尔泰更加客观，他在其所有的作品中都承认，神话和宗教是必要的知识形式，是科学精神的演化中的不同阶段。它们代表了精神发展过程中的历史时期。当然，人类被科学哲人启蒙之后，他们就不再需要过去的知识模式，来建构一个可理解的世界观。

科学思维的发展暗示神话思维的下降，相应地，奇迹、神话和宗教都逐渐凋零。更确切地说，历史失去了神话记忆中真假成分的混合，历史学家开始洞察历史代理人的动机，以给定情境的需要为参照，理解他们的性格。丰特奈尔认为这样的阐释是一个进步，尽管其科学有限性仍然有限和不确定。他认为，我们不能完全信任这种阐释方法，总是存在一种灵活的猜谜因素，几乎不可能正确估计，历史学家仍然是堪称"偏见的寓言"的制造者，制造出受到操控的、人为的产品。

丰特奈尔认为，历史学家从科学思维的进步中受益。科学思维给了他机会，完善他建构的构成整个历史进程的可能性、危害性和必要性。在科学思维的演化过程中，历史变成了真正重要的学科，对人学和道德哲学作出了贡献。丰特奈尔深信，如果不能告诉我们，在多元的人类处境中有着多样的人类可能性，历史就不值得付诸努力。正如现代哲人所说，科学史是哲学人类学的分支。除了对道德哲学的贡献，历史也是一个工具，用于理解我们与同胞的关系。

丰特奈尔提出了人的历史性的观念。他谈到了具体的历史的人，谈到了具体的历史的人的不断变化。但是，尽管历史形态多样，历史形态不断变化，丰特奈尔认为，人性是保持不变的。他强调迷乱纷繁的历史经验中意义的语境。作为一个真正的历史学家，他分析了人的境况和在特定境况下的反应，从而得以建构与理解人类境况的伟大和痛苦相关的历史形态和意象。

科学史是对精神演化的各种表现形式的分析。解释思想、价值观、品位、社会成规和行为规范的变迁和革新，这是必要的。

这些变化几乎是肉眼无法看见的过程。它们似乎是任意的，但丰特奈尔知道，存在隐秘和必要的关系有待阐释。他提到自己人生中发生的深刻变化，这些变化影响了一切行为模式。十七世纪末世人以才情为尚。优雅谈吐是给人带来愉悦的最佳社交能力。人人关心语言质量和诗性想象；悲剧和小说是流行文体；沙龙是男女展示思想独立、辩论新哲学的舞台。但在十八世纪，风尚完全变化，走向了对立面。人们不再追求谈话的精神价值，赌博取而代之，感伤取代了才情，高雅语言和古典文学的魅力消失，浪漫情怀的作家受到追捧。

丰特奈尔认为，这样的变化不是偶然的产物。他确信，微观历史分析会揭示精神运动受到科学探索所能理解的规律的统治。对于科学方法进步的信念，扩展到政治世界。他绝对确信，数学和物理的方法，可以运用到政治领域。政治的隐秘规律可以通过科学分析来揭示。因此，一向被认为是最缺乏理性的政治领域会得到解放，科学主导会得以建立。

丰特奈尔特别强调，哲人需要勇气和警惕。理性的演化会遭遇偏见和惰性，阻碍思想家省察视为当然的传统和信仰。真正科学的历史哲人会分析哲人和传统社会之间永恒的冲突。传统社会死守那些根深蒂固的习惯和偏见。真正的历史会是科学的学科，描述和解释不断进步的精神和传统的信仰之间永久的战争。

丰特奈尔认识到这种状况是不可避免的。他把信仰、信念和偏见统统归于谬误。作为一个哲人，他拒绝那样的信仰和偏见，但作为一个历史的哲人，他盛赞它们。社会生活是建立在谬误之上的。谬误使得人生可能，可以忍受。丰特奈尔扩大了谬误的范围，包括一切不属于科学理性的东西，正如曼德维尔（Mandeville）把一切有违既定法律的行为模式都称之为邪恶。

偏见、信仰和迷信，在丰特奈尔的眼中，都是有福于人类的谬误。只有它们，才能确保社会生活的延续和持久。它们使得社会角色值得尊重成为可能，它们满足了对于承认的渴望，它们创造了我们所谓社会的虚拟嘉年华。它们强化了我们相信、信任和沉溺于种种幻象的意愿。正是这个原因，丰特奈尔认为有必要再写《神谕的历史》，作为《寓言的起源》的补充。这两部作品，是他拟写的关于历史哲学的计划的组成部分。可惜他未能完工，我们只见到这部历史哲学的札记。这些札记勾勒了历史的动力、进步的冲力和阻力元素。挥之不去的惰性，如同"这个世界的睡眠"，给启蒙人类的进步精神强加了绵绵不绝的磨难。对于制造出永恒对立冲突的人类处境，丰特奈尔进行了反思。

丰特奈尔的《神谕的历史》普及的是凡·戴尔（Van Dale）的一部学术著作。凡·戴尔是一个荷兰新教徒，他攻击和批判天主教信仰的奇迹，嘲笑天主教徒中盛行的迷信。丰特奈尔冒险用了这样一部作品作为敲门砖或面具，全面探寻作为宗教基本现象的奇迹。书名中的"神谕"掩藏了他真正的主题"奇迹"，他探察的是奇迹如何为个人和群体接受。

丰特奈尔是耶稣会弟子，他和耶稣会关系亲密。他的兄弟都是会士，担任神职。他终生修行天主教。但是，作为哲人，他必须服从自由独立精神的要求。对于诱导人去相信而不是去考察的动机，他总能找到理由解释，这时，他不愿意接受不加质疑的信仰。

《神谕的历史》篇幅不长，但我们在其中可以看到对"相信的意愿"（the will to believe）做的精彩分析，它相当于预先对后来威廉·詹姆斯（William James）的学说进行的批判。在这部作品里，丰特奈尔分析了使人类可能接受超自然或超理性之物的原因。他尽力找出究竟是什么促使人渴望神谕或超自然的解释，他急于知道人们渴望奇迹背后的意义。努力回答这个问题，在前科学时代，构成了对群体心理学的率先探索。《神谕的历史》几乎是丰特奈尔对可以接触到的前人——马基雅维利（Machiavelli）、伊拉斯谟和蒙田——作品中关于想象力在社会行为和思想中作用之论述的总结性反思。

丰特奈尔认为，人总是受恐惧和希望裹挟；人从来不是生活在当下，因为他们控制不住自己。他们恐惧当下，他们梦想更好的未来。他们受到希望或恐惧的主宰，逃进非现实，建构幻象，做美梦，相信超人的干预。正是这种信仰，相信神灵或魔鬼高于人、自然和历史，社会才得以延续。事实上，最基本的人际关系都是建立在信任之上的，换言之，建立在这样一个信念上，除了我们的至亲之外，我们的朋友、我们的同事和我们的商业伙伴都不会辜负我们对于人和道德的期待。这样的信仕没有任何科学根据；这是一种盲目的信仰，往往接近于对奇迹的信仰。对于同胞的值得信任，人们宁愿相信奇迹而非怀疑。

与蒙田一样，丰特奈尔知道，这样的信仰是走向思想大一统最便捷的途径。他认识到，那种习惯是人的第二自然。人会固守环境为他们灌输的偏见。他们满足于偏见，因为偏见解除了他们的恐惧和个人责任。丰特奈尔深切意识到传统和权威在人心中助长的惯性的诱引。这种驯服的统一思想，延伸到未知和不可解的世界，人乐意将其视为现实加以顶礼膜拜。他强调人心的脆弱，总是把假的当真的，把真的当假的，信奉鬼神、巫师和疯子。

通过分析奇迹和神谕的历史，它们如何出现在过去异教和基督教的文献和传统之中，丰特奈尔强调了这种对于奇迹的古怪渴望。基督教徒曾经想与异教的神谕传统彻底分野，他们把异教的神谕传统视为魔道。他们认为，只有他们才垄断了真正的奇迹，也就是上帝显示的奇迹。为了证明他们对于奇迹的信仰是合理的，信仰基督教的历史学家受到激情和狂热的驱使，杜撰了奇迹的来源。丰特奈尔揭示了这些来源——比如伪造的传道书或福音书——都是无价值的赝品,即便不无虔诚。他在基督教传统的根基里发现了恶意、无知和愚昧,最终得出结论,相信奇迹是宗教的根,必须建立在愿意相信之上。

愿意相信,源于人的根本需要。相信的意愿之所以形成,兼容了两种不同的欲望:一是希望承认在不断变化的自然和历史中有永恒的生命,这种欲望指向安宁、平静与和平;二是无穷的好奇,渴望知道超越日常生活的过程和人生经验之外的东西。人生来渴望非现实的现实、现实的非现实和超自然的自然。这是不完美的、徒劳的和脆弱的人之必然态度;它表现出人既有力量也很虚弱这种真正复杂的境况。

丰特奈尔的发现建立在他对人类情感、对恐惧和希望、对一厢情愿和乌托邦梦想、对虚构的计划和弥赛亚的愿望等的分析基础上。只要它们与现实冲突,就会产生对奇迹的信仰,这种根本的心态在所有的宗教中都是一样的。因此,关于奇迹,绝无任何神秘之处。它们只是手段,教士利用了人们相信的意愿。最终,如此明显的骗局,必然会让有教养的人和无知的人都张开眼睛。随着精神的进步,相信的意愿必然让位给寻找真理的意愿。但是,对于奇迹的信仰会再次出现,因为大众总是渴望超自然,渴望神奇魔力。

作为笛卡尔的传人,丰特奈尔拒绝了所有相信奇迹的理由,他认为自然完全可以解释。作为蒙田的传人,丰特奈尔宣布,只要承认人是愚昧的,那就没有什么值得奇怪的,因此他认为,继续寻找理由解释普遍存在的迷信,是因为对于理性来说,迷信构成了反复出现的冒犯。他对历史中人生的非理性力量不抱幻想。在人类的戏剧中,这种非理性力量永远会是驱动力。因此,为了推进理性之光,为了精神的进步,还需努力奋斗。一个敢于哲学思考的人，将能摆脱无知、惰性和单调的日常生活。受到哲学解放的人，将希望与同胞分享幸福，将用真理的火炬启蒙同胞。

作为一个真正的哲人，丰特奈尔既属于历史，也超越了历史。他是所谓哲学进程的永恒启蒙的一部分。他敢于做一个睿智的人。他邀请无知者跟随他，获得知识和批判精神。他希望哲学教育会是朝前重要的一大步，帮助现代社会从传统偏见中解放出来。他阐释的生命哲学，与后来的柏格森和齐美尔提供给我们的生命哲学完全相符。在他对"相信的意愿"做的详细分析方面，他是威廉·詹姆斯的前驱。他为神话思维打开了新的视角，预示了卡西尔的象征形式理论。他的历史哲学足以让他有资格与雅各布·布克哈特（Jacob Burckhardt）相提并论，其实，后者的成就比他小得多。

4

作为法兰西学院的常任院长，为去世的学者和科学家致悼词，是丰特奈尔的职责所系。这为他赢得了百科全书式作家的国际声誉。这些悼词是珍贵的资料，在评价丰特奈尔的成就时，必须提及。在专业化出现之前的时代，它们构成了科学史必不可少的参考来源。丰特奈尔盛赞的学者都是哲人。无论是植物学家还是物理学家，数学家还是医学家，他们都生活在学问的世界；他们都希望发现一切生命的本质。同样值得注意的是与法兰西学院有关成员的那些悼词，比如令人难忘的兰贝特夫人（Mme. De Lambert）的形象，她献身于推进知识和学问。丰特奈尔的悼词值得我们永远的崇敬，因为它们展示了勇气和慷慨。对于犯过错误之人，无论是敌是友，他都慷慨相待。纵观他写的所有悼词，丰特奈尔证明自己在礼节和慈悲方面高于同胞，在才情方面比其他文人更丰富。

丰特奈尔在献给沃邦（Vauban）的悼词中展示出巨大的勇气。沃邦是一个著名的工程师和社会改革家，他写了一部书，帮助国王和臣民建立一套独立的税制，消除收税官的权力。这本书在出版前遭到压制，不准任何人提及。丰特奈尔为人审慎，但在他写的悼词中还是有勇气提到这本书，只是没有谈及书名和内容。在悼词的最后，他写道：

> 沃邦对国王十分忠诚，他是热诚的子民。他不是侍臣，他宁愿为国王服务而非取悦国王。没有人像他一样如此频繁、如此勇敢地成为真理的先驱。为了确立真理，他甚至到了鲁莽的狂热地步。他甘愿毫无保留地献身真理。

丰特奈尔从自身的经验知道，在一个思想大一统的时代，哪怕审慎地追求真理，也有着重重危险。

按照对哲学或科学的具体贡献，丰特奈尔撰写的悼词恰如其分地评价了逝者的意义。它们至今仍是标准的模式，令人回想起生死之链，我们不过是其中最新的一环，尽管人类的境况，逝者和生者共同努力，推动精神的进步。

有时候，启蒙的精神会化成进步的暴政。我表达了自己的看法，当理性受到盲目崇拜的时候，历史启蒙的精神也就走到了终点。按照特定的历史模式，一切历史现象都有正反两面。但是，会有反复出现的人类境况，那时，启蒙精神和对宗教和传统的批判，比起宗教、国家或哲学派别等既定的、不受质疑的权威，更加可贵，更有建设性。精神的演变是一个动态过程，在这个过程中，其自身的客体化需要被打破，方能获得新的建构性力量和新的视野，对生命及其开放之流产生新的看法。